SOUVENIRS

SUR

LE COMTE DE CHAMBORD

PAR

LE COMTE RENÉ DE MONTI DE REZÉ

PARIS

ÉDITIONS ÉMILE-PAUL FRÈRES

14, Rue de l'Abbaye (VIe)

1931

SOUVENIRS

SUR

LE COMTE DE CHAMBORD

LE COMTE DE CHAMBORD

Le comte de CHAMBORD
(1820-1883)

SOUVENIRS

SUR

LE COMTE DE CHAMBORD

PAR

Le Comte René de MONTI de REZÉ

———

PARIS

ÉDITIONS ÉMILE-PAUL FRÈRES

14, RUE DE L'ABBAYE (6ᵃ)

—

1930

SOUVENIRS

SUR

LE COMTE DE CHAMBORD

A l'approche du centenaire de la Révolution de 183o et quelle que soit l'opinion de chacun, un souvenir de respectueuse sympathie monte encore vers l'exilé de Frohsdorf parmi ceux qui aiment l'histoire.

Bien que, sans cesse, nombre de fidèles serviteurs soient allés apporter à M. le comte de Chambord l'hommage de leur dévouement, la vie intime de celui qui, par l'abdication du roi Charles X et la renonciation de Mgr le Dauphin, le duc d'Angoulême, en 183o, échangea le titre de duc de Bordeaux donné à la naissance contre celui de roi Henri V, reste peu connue.

La véritable personnalité du Prince privé de ses droits demeura voilée à l'étranger d'un incognito diplomatique. Un sentiment de reconnaissance patriotique imposait le nom « de comte de Chambord », le domaine, d'une incomparable splendeur, lui ayant été donné en 1821 par une souscription générale faite dans le royaume. C'est sous ce nom qu'est mort en exil le 24 août 1883 celui que j'ai eu l'honneur de servir et d'aimer. Je veux essayer d'esquisser rapidement un tableau de sa vie privée pendant ses quinze dernières années.

L'étude des souvenirs qui suivent m'ayant amené naturellement à fouiller dans mes archives de famille, si riches en précieux autographes de Monsieur le Comte de Chambord, j'en extrait une lettre adressée en 1845 à mon grand-père et parrain, le comte de Monti de Rezé, (il avait épousé sa cousine, Mlle Louise de Charette du Thiersant) à l'occasion du mariage de mon père « Alexandre ».

Ce témoignage d'auguste gratitude à la fidélité de ma famille servira d'introduction à ces évocations d'un cher passé.

Que ma vive piété filiale, de même que la reconnaissante tendresse que je dois à la mémoire de mon guide, mon oncle « Edouard » qui fut pendant plus de 40 ans le confident et l'ami de Monsieur le Comte de Chambord, trouvent ici leur place.

Frohsdorf, le 17 août 1845.

Je viens de recevoir votre lettre, Monsieur le

Comte et je veux vous dire moi-même combien je m'associe à la joie que votre fils Alexandre doit répandre dans votre famille. Je connais et j'apprécie la qualité de votre fils et je sais que je puis compter sur son dévouement. Je vous charge donc de lui dire tous mes vœux de bonheur.

J'ai été vivement touché de ce que vous me dites de l'absence d'Edouard et j'ai bien regretté de n'avoir pu vous l'envoyer plus tôt. En le voyant partir aujourd'hui, je m'afflige de ne pouvoir aller visiter avec lui ma chère et fidèle Bretagne, mais un jour viendra, je l'espère où je pourrai aller frapper à la porte du château de Rezé et vous remercier de vive voix, vous et votre famille de ces honorables sentiments de fidélité et de dévouement que rien ne peut ébranler.

Faites mes compliments à Madame la Comtesse de Monti de Rezé et à vos enfants et recevez Monsieur le Comte, la nouvelle assurance de toute mon estime et de mon affection.

Henri.

Depuis 1843 jusqu'à sa mort (1883), M. le comte de Chambord passa la majeure partie de sa vie à Frohsdorf ; belle et agréable résidence située à 50 kilomètres de Vienne et à 8 kilomètres de Wiener-Neustadt, ville importante par son commerce et par l'école militaire qui, depuis Marie-Thérèse, y était installée. Tous les express s'y arrêtaient, ce qui plaçait Frohsdorf à une heure de Vienne environ.

Si l'aspect de ce grand château, formant un parallélogramme avec une vaste cour intérieure, entouré de larges et profondes douves sèches, était un peu sévère, il était aussi imposant et s'adaptait parfaitement à l'ambiance mélancolique d'un exil princier.

L'entrée du château, sur la façade nord, était ce qu'il y avait de moins beau malgré sa bonne ordonnance. Avant d'y parvenir on laissait à droite d'immenses écuries avec manège couvert et découvert, chenil pour l'équipage de lévriers... Dans cet ensemble se trouvait la résidence du comte de Maxence de Damas, un rez-de-chaussée confortable. Il y présidait avec une compétence merveilleuse à la direction des écuries qui abritaient de nombreux chevaux de selle, dont quelques poneys de tir, et vingt paires de postières percheronnes attelées à la française. Le tout était tenu avec autant de soin que de traditionnelle élégance.

Un vaste porche d'entrée, supporté par des colones ioniques succédait au pont jeté sur les fossés et donnait accès à la cour intérieure où

cinq voitures à quatre chevaux pouvaient se ren-
ger. A droite un immense escalier carré desser-
vait les deux étages. A gauche se trouvait l'entrée
des salons de la façade. Ces salons faisaient
face à une large terrasse et à de grandioses jar-
dins à la française, inspirés de Lenôtre, auxquels on descendait par des perrons d'une ving-
taine de marches

Au midi un jardin particulier était réservé
à Monseigneur et à Madame. On y accédait directement des appartements royaux situés au rez-
de-chaussée par un pont qui se trouvait ainsi à
l'opposé de celui desservant l'entrée des voitures et des piétons. Ce grand château comportait
de très nombreux appartements petits et grands
et relativement peu de chambres. Les moindres
de ces appartements, tels que le mien, com-
portaient : antichambre, salon, chambre, toilette, et chambre de valet de chambre. Çà et là
dans le château de beaux tableaux, d'inestima-
bles reliques de famille. Il serait trop long d'en
donner la momenclature dans ce rapide exposé.

Je citerai seulement quelques-uns des souvenirs historiques dont j'ai dressé le catalogue avec
le concours de mon cousin et ami Adhéaume de
Chevigné, sous la direction de Monseigneur.

Dans l'angle du salon rouge, le magnifique
portrait de la reine Marie-Antoinette par mada-

me Vigée-Lebrun, balafré par un coup de lance au cours des journées d'octobre. Plus loin, sur une console, un superbe bronze où revivaient les traits si populaires d'Henri IV. C'était la tête de l'ancienne statue du Pont-Neuf qui fut brisée pendant la Révolution et jetée à la Seine par une populace en délire. Retrouvée de longues années après, elle fut offerte au Prince par une délégation des ouvriers de Paris. Dans une des vitrines, le panache du roi Henri IV qui, détail curieux pour l'histoire, était noir ! Puis les souliers du sacre du roi Louis XIV, brodés d'argent avec soleil d'or : on remarquait les hauts talons peints par Vanloo et représentant des sujets de batailles. Un tête-à-tête en pâte tendre de Sèvres à fond rose avait servi à la reine Marie-Antoinette.

Dans le salon gris, des chefs-d'œuvre : des Tiepolo, des Jean Bellini, des Vanloo... un Greuze remarquable représentant une ravissante tête d'enfant.

A la suite de ce salon, dans une vaste pièce où travaillait parfois le Prince, des armoires renfermaient les reliques d'une époque douloureuse de notre histoire. Les plus tragiques de ces souvenirs étaient : la chemise que portait le roi Louis XVI le 21 janvier 1793, jour de son supplice : elle était échancrée par les ciseaux du

bourreau. Puis le gilet blanc qui conservait encore les traces du sang du roi martyr. A côté,
l'un des souliers que la reine Marie-Antoinette
perdit en montant à l'échafaud. Le petit soulier
blanc à haut talon de Louis XVII. Puis une quantité d'objets ayant appartenu ou servi à la Famille royale détenue au Temple : des gants, des
livres de prières, des miniatures, des éventails...
Des documents authentiques accompagnaient chaque objet, expliquant comment ces lugubres
reliques avaient pu être sauvées et remises à la
Famille royale.

Un meuble de cette même pièce renfermait les
fanions blancs aux fleurs de lys d'or des compa-
gnies des gardes du corps de Rohan, de Choiseul, de Fitz James, de Luxembourg, de Gramont, déposés le 16 août 1830 aux pieds du roi
Charles X à Cherbourg.

Enfin l'on pouvait voir dans le vestibule des
appartements privés du Prince, dressés dans une
armoire vitrée, dix fusils à pierre d'un modèle
unique, richement incrustés d'or, à crosse très
courte : ces armes étaient passées des mains du
roi Louis XV à celles du roi Charles X. Au-dessus de cette panoplie figuraient le couteau de
chasse et la trompe à la Dampierre, en argent,
de Mgr le duc de Berry.

A l'ouest du château, des pelouses à l'anglaise,

à perte de vue, encadraient un parc aux daims
de 200 hectares, dans lequel était aussi un tir
aux pigeons ; ces prairies dévalaient dans la direction de la vallée d'Offenbach et de la rivière
de la Leitha. Elles étaient circonscrites à gauche
par les montagnes boisées qui séparent l'Autriche de la Hongrie. Ce parc était égayé dans la
partie voisine du château par des chalets occupés
par la colonie nombreuse des serviteurs et des
gardes, et plus loin par des écoles desservies par
des sœurs françaises, et des frères alsaciens.

De vieux châteaux forts : Pitten. Sebenstein,
formaient point de vue à l'horizon et enfin les
cimes neigeuses des montagnes du Semmering
fermaient majestueusement ce splendide pano-
rama.

En 1817, la princesse Caroline Bonaparte,
sœur de Napoléon, veuve du Roi Murat, se retira
à Frohsdorf sous le nom de comtesse Lippona.
Elle avait fait creuser sur la colline dominant le
château, derrière la glacière, une vaste piscine
alimentée ingénieusement. Le souvenir des ébats
qu'y prenait cette charmante princesse dans un
costume aérien y faisait encore sensation en 1868.
Cette piscine, quelque peu ruinée, existe encore.
Après le départ de la princesse Caroline, Frohsdorf fut acheté par le général russe Yermoloff, lequel, de son mariage avec mademoiselle de la

FROHSDORF, côté du parc à la française

Salle, eut deux filles, qui devinrent toutes deux françaises, l'une ayant épousé le prince de Podenas, l'autre le marquis de Champeaux.

Enfin, quand, après 1830, la famille royale trouva encore une généreuse hospitalité, d'abord en Angleterre, ensuite en Autriche, elle vint habiter à Prague le Palais impérial du Hradchin où elle résida trois ans et demi, puis acheta, entre Prague et Vienne, l'important domaine de Kirchberg. Elle passait ses hivers à Goritz dans la villa Coronini. C'est là que la mort surprit le vieux Roi en 1836.

Peu d'années après, la famille royale, composée du duc et de la duchesse d'Angoulème de M .le comte de Chambord et de Mademoiselle, la princesse Louise de France, trouvaient la résilence de Kirchberg bien isolés. Précisément le duc de Blacas, qui faisait partie de leur maison, avait, en 1839, acheté Frohsdorf au général Yermoloff (1) pour employer une part des capitaux importants que son noble dévouement devait à la libéralité du roi Louis XVIII. L'échange entre les deux domaines fut proposé et accepté.

Quoi qu'en puisse dire madame Gyp dans ses *Souvenirs d'une petite fille,* qui fourmillent d'inexactitudes dès qu'elle veut approcher la famille royale, le duc de Blacas, qui fut un ambassadeur

---

(1) L'achat fut fait pour 175.000 florins d'argent.

habile, était un homme charmant bien qu'un peu froid.

C'est ainsi que madame la duchesse d'Angoulême devint en 1843 propriétaire de Frohsdorf. A sa mort, M. le comte de Chambord, en vertu de considérations diplomatiques et pour atténuer les difficultés que sa présence en Autriche créait à l'inlassable bienveillance impériale, fit passer le domaine de Frohsdorf au nom de sa femme, princesse de Modène, archiduchesse d'Autriche.

A leur arrivée à Frohsdorf, Mgr le duc et madame la duchesse d'Angoulême s'installèrent au premier étage du château dans un appartement situé au-dessus du porche. C'est là qu'est morte l'auguste prisonnière du Temple, en 1851. Depuis lors sa chambre n'a jamais été occupée. Elle fut convertie en chapelle ; on y disait la messe à certains anniversaires.

Cette Princesse accablée par tant de souffrances et de malheurs, bien qu'elle fût intelligente, était restée sous le poids de certaines dépressions. C'est ainsi qu'elle n'avait jamais réussi à bien connaître la valeur comparée des bijoux qu'elle possédait.

Le jeune prince de Cystria, plus tard prince Charles de Lucinge, qui servait à ce moment dans l'armée autrichienne, avait ses libres entrées à Frohsdorf, où toutes les sympathies allaient vers lui, particulièrement celles de madame la duchesse d'Angoulême. La Princesse le fit monter un matin dans ses appartements et lui dit : « Mon cher Charles, je veux te donner un souvenir ». Ce disant, fouillant dans un tiroir de chiffonnier où des mitaines en dentelles, des rubans, des gants fraternisaient avec de merveilleux bijoux entassés en vrac, elle mit, après quelques tâtonnements, la main sur une broche supportant un fort beau diamant et l'offrit au jeune lieutenant ébahi. Déjà celui-ci congédié, emportait son trésor, quand sa bienfaitrice le rappela en lui disant : « Non, Charles, ce que je t'ai donné n'est pas assez beau ; je viens de trouver ceci en échange ». C'était une turquoise, dont la taille était, hélas ! la seule supériorité...

Qu'il me soit permis en passant, pour authentifier ces quelques pages, de rappeler que ma sœur cadette. Marie-Thérèse a l'honneur d'être la filleule de cette auguste fille du roi Louis XVI et de la reine Marie-Antoinette.

Pour le pays de grandes propriétés qu'était l'Autriche-Hongrie, la terre de Frohsdorf, forêt comprise, était peu considérable, 3.000 hectares environ en comptant les deux fiefs qui en dépendait. le château de Pitten et celui de Katzelsdorf. L'un et l'autre, fort pittoresques, étaient bâtis au sommet de grosses collines dominant la plaine à l'est et à l'ouest du château royal. Le premier servait de rendez-vous de chasse à Monseigneur. En dessous de la terrasse de Pitten se déroulait un très grand parc aux cerfs. Madame la comtesse de Chambord avait fait de Katzelsdorf un couvent de Liguoriens ; quant aux communs, ils servaient de résidence à l'un des chefs gardes. Car une petite armée de gardes avec chevaux de voiture et chevaux de selle, était commise à la surveillance des 3o.ooo hectares de chasses loués aux communes voisines de Frohsdorf, tant en Autriche qu'en Hongrie, la terre de Frohsdorf étant à cheval sur les frontières des deux Etats. Sur ces chasses vraiment royales, on tuait en moyenne 25.ooo pièces par an, tant perdreaux que lièvres, chevreuils, chamois, daims, cerfs, canards, — peu de faisans.

Le prince avait loué aussi, non loin du pèlerinage célèbre de Mariazell, de fort belles chasses de coqs de bois et de bruyère. Il y avait édifié une maison de chasse tout en bois, que les gardes avaient appelée Heinrichshöhe (la maison d'Henri). Au printemps, dès que les coqs commençaient à chanter, il aimait à y passer une quinzaine avec deux personnes de son entourage. Cette maison ne comportait que deux chambres, dont l'une était occupée par Monseigneur avec les personnes de sa suite. J'ai eu fréquemment l'honneur d'être admis à ces chasses et j'en garderais un souvenir délicieux, si cette royale familiarité n'avait eu l'inconvénient de laisser peu de place au sommeil. Le Prince ronflait d'une façon aussi sonore qu'ininterrompue.

Le Prince avait loué encore, un peu plus loin, de vastes domaines de montagne (dépendant d'une abbaye) dont le centre était Weichselboden. C'était un charmant village encaissé dans une vallée, près d'un torrent où foisonnaient les truites ; au-dessus des pentes coiffées de glaciers abondaient en chamois. Ces chasses, que le spectacle d'une nature magique rendait encore plus atrtayantes, amenaient le Prince et son entourage à résider, en deux fois, douze à quinze jours à Weichselboden à partir du 8 septembre. On tuait, à balle bien entendu, une cinquantaine de chamois chaque année. L'étiquette était exclue de ces réunions intimes.

Chaque soir, après le dîner, Monseigneur aimait à voir danser la styrienne par les gardes, les traqueurs et les jolies filles peu sauvages de la région, au son du rythme entraînant d'un orchestre que composait le bon curé, l'instituteur et certains de ses élèves. J'étais jeune et je prenais volontiers ma part à ces joies champêtres. Monseigneur avait comme voisins de chasses à Weichselboden le comte Wilczeck et son associé de chasse le comte d'Osmond, le premier autrichien, le second frère de la duchesse de Maillé, ancien propriétaire de Pontchartrain, tous deux épris de sports, d'arts, de musique, de littérature et ayant écrit des ouvrages appréciés. Le Prince aimait à inviter souvent à la table de son auberge ces deux grands seigneurs, ces deux amis qui, dans le costume styrien de rigueur, savaient se mettre à l'unisson avec le prince par leur esprit et leur gaîté.

Enfin, d'autres chasses en Haute-Autriche faisaient également partie des distractions préférées du Prince. Madame la comtesse de Chambord avait hérité de son oncle l'archiduc Maximilien, oncle également de l'empereur François-Joseph, d'un palais à Vienne, où Monseigneur et Madame faisaient avec leur suite de courts et fréquents séjours, et de deux beaux châteaux avec vastes terres et forêts, non loin du lac de Gmunden : Ebenzweier et Puchheim. Monseigneur et Madame partageaient le mois d'octobre et les premiers jours de décembre entre ces deux belles résidences. Madame n'y amenait pas de dame d'honneur et Monseigneur n'y invitait jamais plus de deux ou trois d'entre nous, triés parmi les plus passionnés de la chasse. De ce chef, j'étais du nombre des élus.

Au cours de ces deux déplacements le prince ne recevait aucune visite de France, les audiences étaient suspendues. L'habit de soirée, avec pantalon noir en hiver et gris clair en été, de règle à Frohsdorf, avec la cravate blanche, faisait place, comme tenue, à l'uniforme de chasse gris et vert. Sauf le dimanche, on chassait tous les jours, quelque temps qu'il fît, lièvres, chevreuils. canards, daims, car il y avait aussi un beau parc de daims à Puchheim.

Naturellement une autre petite armée de gardes exerçait sa vigilance sur ces chasses. Les invitations étaient très recherchées par les nombreux archiducs habitant les bords du lac du Gmunden, y compris le célèbre Jean Orth ainsi que les Princes royaux de Bavière, de Hanovre, le duc de Wurtemberg. Il est à noter que ie comte de Chambord ne cédait jamais à personne ses prérogatives royales. Il occupait en toutes circonstances la première place. Un délicieux déjeuner, servi « par la Bouche du Roi » dans une ferme du territoire de chasse, coupait les journées de battues.

C'est pour faire comprendre la vie si remplie de devoirs et de distractions que l'on menait à la Cour d'exil de Frohsdorf, que j'ai noté les détails qu'on a lus. Pour ma part, pendant les seize années que j'ai eu l'honneur de passer près du Prince, j'ai été, malgré ma jeunesse, bien loin de ressentir les effets de la vie austère, que, dans certains salons de Paris, l'on prêtait volontiers aux exilés de Frohsdorf.

Sans doute, les charges qui incombaient au service d'honneur (personne ne recevait d'honoraires, pas même les frais de voyage) n'engendraient pas l'oisiveté ; les distractions et les obligations alternaient dans cette cour à l'étiquette. sinon sévère. du moins rigoureuse. L'esprit prime-sautier, la gaieté communicative du Prince illuminaient sans cesse la conversation. Car si la timidité naturelle de Monseigneur le rendait grave en représentation, il quittait volontiers ce masque dans l'intimité pour se montrer jovial, parfois même gaulois : c'est ainsi que sur la majesté de cette physionomie ressortaient une bienveillance charmante, une extrême affabilité.

De temps à autre le Prince aimait à mettre « un entr'acte » à la vie représentative de Frohsdorf, en se retirant deux ou trois jours à Pitten. seul avec Madame. Ce charmant vieux châteaufort en miniature qui s'élevait à 7 kilomètres de Frohsdorf sur une grosse colline en face des montagnes du Semmering. était d'un pittoresque délicieux. L'on y jouissait d'une vue grandiose.

Rien n'avait été épargné pour le confort de

ce rendez-vous de chasse aménagé aussi pour la domesticité nombreuse qu'impliquaient ces petits déplacement.

Au mois de juillet 1877, tandis que Monseigneur et Madame goûtaient leur retraite de prédilection ayant laissé leur Maison à Frohsdorf, le Prince m'adressait au crayon le billet ci-après :

Monseigneur avait été seul avec Madame, passer 48 heures à Pitten. C'est de là qu'il adresse cette note à R. de Monti, qui était resté à Frohsdorf avec les autres membres de la maison.

Si j'enregistre ici cet autographe. c'est qu'il

me semble dans sa simplicité, révélateur du caractère de son auguste auteur.

.*.

De 1868, époque de mon arrivée à Frohsdorf, à 1883 (la mort du Prince), le service d'honneur par rang d'ancienneté était composé comme suit :

Le comte Stanislas de Blacas.

Le comte Maxence de Foresta.

Le comte Edouard de Monti de Rezé (mon oncle).

Le comte Maxence de Damas d'Hautefort.

Le comte de Sainte-Suzanne.

M. Edouard de Cazenove de Pradines.

Le comte Henri de Vanssay.

Le baron Eugène de Raincourt.

M. Joseph du Bourg.

Le comte René de Monti de Rezé.

Le comte Adhéaume de Chevigné

Le duc de Lorge.

Le comte René de Vibraye.

Le comte Maurice d'Andigné.

Le comte Robert de Mun.

Le comte Charles de Lur-Saluces.

Le comte Henri de Monti de Rezé (fils d'Edouard, décédé en 1875).

Le comte François de la Bouillerie.

Les dames d'honneur de Madame étaient :

La comtesse Emma de Chabannes (elle avait dû épouser le duc de Bourbon).

La comtesse Caroline de Choiseul.

La comtesse Augustine de Montaigu.

La duchesse de Blacas (née de Damas).

La comtesse Christine de Cibeins (chanoinesse)

La comtesse René de Monti de Rezé.

La comtesse Henri de Vanssay.

Le service s'opérait généralement par roulement trimestriel pour les gens mariés. Les célibataires restaient deux ou trois fois plus longtemps que les autres. C'est pour cela que, jusqu'en 1879, époque de mon mariage, j'ai passé presque toute ma vie à Frohsdorf.

Le service d'honneur faisait partie constamment de la table du Prince.

Les deux aumôniers, le docteur, les trois personnes qui travaillaient à la Chancellerie ne quittaient jamais leurs emplois que pour de courtes vacances. Ils vivaient à part, à une seconde table, et parfois ils étaient invités, le dimanche, à la table royale.

Parmi les trois personnes occupées à la Chancellerie, il m'est un devoir de citer M. Moricet, vendéen de vieille souche, qui en 1832, lors du soulèvement provoqué par Mme la duchesse de Berry, eut une page glorieuse.

Outre les habitués formant le cadre ci-dessus, il faut ajouter les princes et princesses de Parme, neveux et nièces de M. le comte de Chambord, qui, étant orphelins de père et de mère, avaient été recueillis par lui avec leur maison, service d'honneur et domestiques. Après leurs mariages successifs, ils revenaient souvent dans les mêmes conditions, toujours affectueusement accueillis.

LL. AA. RR. le comte et la comtesse de Bardi séjournaient presque continuellement à Frohsdorf. Leur suite se composait du marquis Malaspina et de la baronne de Herding.

Enfin les enfants du second mariage de madame la duchesse de Berry avec le comte Lucchesi venaient également sans cesse à Frohsdorf, où ils étaient très aimés, sans parler des membres des familles de Charette et Lucinge qui y étaient fort souvent admis et même le comte de La Roche. Le Prince avait pour le général baron de Charette, son beau, bon, charmant et illustre demi-neveu une affection aussi tendre qu'admirative.

Les visites de Français affluaient, il y avait même des « fournées » de visiteurs de marque : ceux-ci étaient invités à séjourner au château vingt-quatre ou quarante-huit heures, et souvent même plus longtemps.

Le service d'honneur avait pour mission de recevoir les visiteurs avant leur admission auprès du Prince.

Selon le rang et l'autorité des personnages, ce contact avait de l'importance ; car, s'il fallait que Monseigneur fût le moins pris au dépourvu devant ceux qui devaient l'approcher, il était aussi nécessaire que chaque visiteur se retirât content du Prince et content de soi, persuadé que Monseigneur était impeccablement informé de toutes choses, concaincu aussi de la perspicacité de Monseigneur qui, du reste, était un fort habile charmeur.

Dès mes débuts à la cour de Frohsdorf, j'ai appris la mise en valeur du vieil adage qui nous était donné comme précepte : « Souvenez-vous que l'on ne doit parler aux autres que d'eux, au Roi que de vous ». Ainsi avertis, nous devions ne nous livrer que le moins possible et nous attacher à questionner les visiteurs, à sembler prendre le plus grand intérêt aux moindres détails de leur vie privée ou publique, à leurs querelles de parti, à leurs ambitions, à leur intimité, à leur genre de vie...

Avec les bavards, rien de plus aisé. Il n'en était pas de même avec les timorés, dont la con-

fiance exigeait un véritable travail diplomatique.

Après avoir ainsi récolté, soit dans une promenade dans le parc, soit au fumoir, quelques informations, nous allions les communiquer à M. le
comte de Chambord, qui savait, avec un tact
parfait, faire état d'un rien, et dont la timidité,
que j'ai déjà signalée, était ainsi mise plus à
l'aise.

Aux vieux fidèles qui étaient admis chaque
année, venaient s'ajouter les royalistes, depuis
ceux qui portaient les plus grands noms, jusqu'aux moins titrés. Il était admis que tout nou-
vau ménage ayant des traditions vînt se
présenter à Frohsdorf et réclamer la faveur que,
sur une feuille spéciale, préparée à cet effet, le
Roi et la Reine signassent au contrat.

A ce fourmillement de la cour d'exil, il faut
ajouter les visites fréquentes des membres de la
famille impériale d'Autriche, de longs séjours
du roi de Naples, du duc et de la duchesse de
Modène... tous accompagnés de leur suite.

Naturellement cette vie de représentation impliquait un cérémonial dont on ne s'écartait
jamais.

Pour les dames : le matin, toilette élégante
de ville ; le soir, toilette de soirée. Le plus sou-

vent madame la comtesse de Chambord, qui avait une grande distinction, portait l'un ou l'autre des colliers de perles de la reine Marie-Antoinette.

Pour les hommes : la redingote, le matin, avec gants à la main, et chapeau haut de forme. Le soir, habit, cravate blanche. En été, pantalon gris perle, gilet blanc. A la main, claque et gants blancs. L'étiquette de la Cour de France voulait qu'on tînt toujours ses gants à la main.

Il y avait tous les jours messe basse à 10 heures où tout le monde assistait ; déjeuner à 11 heures, dîner à 7 heures en hiver. Parfois aussi, dans la belle saison, le dîner était avancé à 5 heures pour permettre à la petite cour de faire une promenade en voiture. Les hommes devaient alors garder le chapeau haut de forme, l'habit étant masqué par un pardessus d'été.

Parfois M. le comte de Bardi se plaisait à accompagner à cheval les voitures royales, j'étais alors son compagnon fidèle ; mais quel tour de force c'était, immédiatement après le dîner, d'arracher le costume de soirée pour le remplacer par une redingote et une culotte à sous-pieds ! Ainsi attifé, combien n'ai-je pas parcouru de kilomètres dans la poussière, au travers de la plaine de Wiener-Neustadt, collé à la portière

de gauche de la voiture des augustes **exilés,**
tandis que Mgr le comte de Bardi trottait à **celle**
de droite.

La livrée des rois de France, qui était **hérédi-**
tairement tricolore, avait été modifiée à Frohsdorf par déférence pour les vœux de madame la
duchesse d'Angoulême, la martyre du Temple.
Au gilet rouge avait été substitué le gilet **blanc**
sous l'habit à la française bleu de roi, galonné
d'argent.

Cependant madame la duchesse de Parme,
Louise de France, respectueuse des traditions
des siens, avait conservé à Parme la livrée tricolore. Aussi, après sa mort, quand ses quatre
enfants orphelins furent recueillis à Frohsdorf,
avec leur maison, cette même livrée les y accom-
pagna. Je revois encore sous ce décoratif costume le bel Aletti, ce fidèle et dévoué serviteur
d'exil de la famille de Parme, et mes souvenirs
vont aussi vers le fils aîné de celui-ci, qui portait alors la calotte d'enfant de chœur, à la
chapelle du château.

La table du prince était merveilleuse, d'une
élégance royalement française, rehaussée par une
vieille vaisselle plate, épave de Versailles, dont
il se servait toujours. Sur les cloches en argent
qui couvraient les plats était gravée l'ancienne
désignation : « Bouche du Roi ». Rien n'égalait

Un Déjeuner des Chasses de FROHSDORF, dans la plaine de Hongrie (sept. 1855)

(dessin d'Eugène Grandsir)

1. Le duc de Lévis. - 2. Monsieur le comte de Chambord - 3. Le comte Roger de Nicolay

la grâce avec laquelle le Prince exilé accueil-
lait les Français. A table il y avait toujours un
serviteur pour deux personnes, aussi les repas
étaient rapidement expédiés, à la grande surprise
des invités de passage qui n'y trouvaient pas
leur compte. L'on devait se servir soi-même à
boire. Il était contre l'étiquette d'en offrir à son
voisin ou à sa voisine. Il y avait sur la table un
menu par deux personnes. Selon l'usage de la
Cour, les maîtres d'hôtel annonçaient les plats.
Le café était servi au salon ; jamais de liqueurs.

Le service d'honneur et les invités se réunissaient dix minutes très exactement avant l'heure des repas dans le plus grand salon, appelé
salon rouge, à cause du mobilier en tapisserie
de cette couleur, qui était l'ouvrage de madame
la Dauphine en exil. La famille royale arrivait
cinq minutes après, disait un mot aimable à
chacun de nous et aussitôt le premier maître
d'hôtel ouvrait la porte du salon, le premier
gentilhomme de service se tournait alors vers
le Roi et s'inclinait ; c'était le cérémonial muet
qui précédait le passage à la salle à manger.
Madame passait la première, Monseigneur la sui-
vait. Le Prince occupait le milieu de la table
ayant Madame à sa droite. Il faisait un signe à
la personne qu'il voulait à sa gauche, et Madame
également désignait de même la personne qu'elle

voulait à sa droite. Automatiquement, un gentilhomme de service se plaçait en face de Monseigneur. Naturellement j'avais souvent cet honneur. Les autres convives se plaçaient au hasard sans aucune désignation. Ce protocole variait seulement lorsque d'autres princes et princesses étaient là, le cérémonial était alors plus compliqué.

Monsieur le comte de Chambord restait judicieusement convaincu qu'une rigoureuse étiquette est indispensable au prestige des Princes et des rois : il détestait celle-ci mais s'en faisait l'obligation dès que l'intimité était rompue.

Rien de plus naturel que ce Prince, dont l'enfance avait été bercée par les rois Louis XVIII et Charles X, ait conservé l'empreinte des gauloiseries dont la Cour se distrayait alors. Sa gaieté communicative le portait du reste à en perpétuer le souvenir. Puis plus le cérémonial est sévère pour les Princes qui en sont écrasés, plus ils éprouvent dans l'intimité le besoin de réagir en prenant le côté comique de ces exigences.

Chacun sait que les dames qui étaient admises autrefois à la Cour de France devaient, en y entrant, y faire trois révérences. Ces révérences, pour être parfaites en conformité de la mode, étaient l'objet de leçons de gymnastique un peu spéciales, la jambe gauche ramenée sous le corps avec certaines inflexions. Plus la révérence était profonde, plus elle était distinguée. Les seigneurs de la Cour ne manquaient pas d'y donner critique, et par extension les Princes de se distraire des comparaisons qui en résultaient.

Or dans le jargon fort peu châtié de la Cour à cette époque, ces révérences de grande cérémonie étaient désignées « à C. ouvert » ; aussi à Frohsdorf où toutes les traditions avaient gardé leur fraîcheur le Prince ne manquait pas, quand la réception devait y être particulièrement imposante de le rappeler avec une résignation comique : « Ah ! ce soir, c'est à C. ouvert ».

Ces miettes du passé aident à mieux faire connaître la physionomie véritable du caractère de Monsieur le comte de Chambord et à lui enlever ce masque de mélancolie monastique par lequel il est volontiers défiguré dans l'histoire contemporaine.

C'est près de la salle à manger, dans le salon où l'on accède par le porche d'entrée du château, que M. le comte de Chambord attendait, le 5 août 1873, son loyal cousin Monsieur le comte de Paris. Cette rencontre si émouvante, si belle de part et d'autre, qui ressoudait la chaîne de nos rois, ne pouvait donner lieu à aucune interprétation erronée. Elle semblait alors projeter sur nos espérances patriotiques et monarchiques un faisceau lumineux. Cependant, l'heure des déceptions était proche...

Les jours de grandes chasses, Monseigneur déjeunait sur le terrain même ; Madame observait alors les habituelles règles avec le personnel qui était resté au château.

Après le déjeuner les Princes passaient dans le salon gris en traversant toutes les pièces de réception, y compris le billard sur lequel étaient placés le courrier et une brassée de journaux. Monseigneur prenait certains journaux français, allemands et italiens, le service d'honneur se distribuait sa correspondance, et le gentilhomme de semaine prenait toutes les lettres adressées au Prince et tous les autres journaux.

Pendant qu'on prenait le café, le Prince commentait les dernières nouvelles de presse. Le gentilhomme de semaine faisait un tri rapide dans le volumineux courrier qu'il détenait et remettait à Monseigneur, en prenant le dessus de son chapeau haut de forme comme plateau pour offrir au Prince, les lettres qu'il jugeait urgentes.

A midi Monseigneur montait au premier étage dans son cabinet de travail-fumoir et y donnait rendez-vous à son service. C'est à ce moment que s'agitaient toutes les questions pendantes, politique, comités royalistes, audiences, etc.

Le gentilhomme de semaine informait Monseigneur du contenu de la correspondance, et, quand l'importance des lettres l'exigeait, le Prince en prenait lecture. Tout le courrier était distribué à chacun de nous, avec des annotations indiquant les dispositions à prendre, les réponses à faire... Puis Monseigneur prenait connaissance du travail de la veille, car aucune lettre de réponse n'était envoyée avant d'être scrupuleusement lue par le Prince.

L'organisation politique de M. le comte de Chambord, servie par d'incomparables dévouements, fonctionnait depuis de longues années.

Ce sont les créateurs du journal royaliste *L'Opinion Publique*, dont les principaux furent : le comte de Circourt, Armand de Pontmartin, Théodore Muret, le comte Sala, le comte de Belleval..., qui furent les inspirateurs des premiers comités royalistes que M. le duc de Levis, le comte I. de Blacas, le comte E. de Monti, le marquis de la Ferronnaye, le comte Raymond de Nicolay — tous faisaient alors partie de la maison du Prince — secondèrent sous l'impulsion de leur auguste chef.

Mais c'est le marquis de Dreux-Brézé qui, sous la force des événements, devait, à partir de

1870, leur donner une autorité prépondérante dans toute la France. De nombreux journaux royalistes, souvent plusieurs par département, émanaient de ces fonctionnements impeccables auxquels d'énormes sacrifices d'argent et de dévouement furent consacrés.

Il y avait des Présidents de comité par département, par circonscriptions, par cantons. Des commissaires royaux revêtus de pleins pouvoirs par lettre autographe du Prince, se partageaient la France par zones en cas de révolution.

Cette formidable organisation royaliste avait non seulement son effet direct au point de vue électoral, mais servait de tremplin à une affiliation militaire sur laquelle le secret a été parfaitement gardé et dont fort peu de personnes ont été initiées en France.

Je ne crois pas qu'après plus d'un demi-siècle d'intervalle, il y ait inconvénient à en parler ici ; l'ombre de l'auguste mort commande elle-même de dire la vérité sur ce qui était préparé pour sauver le pays.

En effet, de grands soldats, d'illustres généraux tenaient dans leurs mains les fils profondément cachés sous terre, non pas d'un complot, mais d'un plan de défense sociale qui eut changé l'anarchie en monarchie, évité plus tard des flots de sang, replacé dans sa voie notre pays délivré des jougs qui l'amoindrissent.

Ces généraux reçurent le mandat, dans la triple hypothèse de troubles dans la rue, de vacance, de pouvoir exécutif, de violation par une multitude de la Chambre et du Sénat, d'intervenir au nom du roi dans la mêlée avec les forces dont ils garantissaient le concours. Si un de ces six généraux avait en poche sa nomination au Ministère de l'Intérieur dans le cas où un mouvement révolutionnaire aurait fourni l'occasion de mettre en ligne les forces dont il disposait, il avait été convenu que tout d'abord une période de dictature serait nécessaire et qu'une constitution peu différente de celle de 1852 serait appliquée.

Enfin, une caisse noire avait été constituée et des sommes fort considérables y étaient consignées pour parer aux éventualités ci-dessus.

A la dernière entrevue de plus de trois heures, que peu de temps avant sa mort, le général X... eut avec M. le comte de Chambord en 1872, il quitta le Prince sur cette suprême adjuration : « Je ne demande pas à Monseigneur d'oublier le drapeau blanc et de renier les fleurs de lys, mais il ne repoussera pas le drapeau tricolore, il ne commettra pas la faute insigne de les laisser à l'émeute ».

A titre documentaire, je crois intéressant de reproduire les autographes ci-après : (1)

La mort de M. Emerand de La Rochette ayant précédé celle de son frère Ernest, survenue en 1878, mon père, qui déjà était leur coadjuteur. fut nommé également Commissaire Royal selon la formule autographe.

Déjà en 1871, également par lettre autographe, mon père avait été chargé de la réorganisation des Comités dans les départements du Finistère, des Côtes-du-Nord, de l'Ile-et-Vilaine, du Morbihan, du Maine-et-Loire et de la Vendée. Il en était resté le directeur général sous les ordres du marquis de Brézé.

Dans la Loire-Inférieure, son lieutenant, Gustave Bord, l'illustre écrivain, l'aida puissamment dans la lourde charge qui lui incombait.

Au reste, dans son livre intitulé « Notes et Souvenirs », qui font autorité dans l'histoire, M. le marquis de Dreux-Brezé, qui jouissait d'une confiance que justifiait si bien la fidélité traditionnelle de sa famille à la royauté, explique en détail l'organisation des Comités royalistes et a publié certaines des pièces qui s'y rattachent.

Toute cette organisation était placée sous la

---

(1) Voir pièces justificatives à la fin du volume.

direction générale du Prince, qui se trouvait ainsi en communication incessante avec la France. Il devenait, en quelque sorte, présent lui-même au milieu des populations, vers lesquelles ses regards étaient toujours tournés. Avec cette conscience de ses devoirs, qui sans cesse l'a guidé, dans quelques circonstances que ce fût.

Aussi ne se dérobait-il jamais, au travail incessant résultant de ses obligations et faisait toujours passer ses distractions en dernier lieu.

Tous ces éléments étaient reliés au bureau central de Paris.

Un groupe de royalistes de bonne volonté exerçait au moins une fois par mois, suivant un roulement, les fonctions de courrier ; de sorte que la correspondance occulte avec l'Exilé était, à l'aller comme au retour, à l'abri de toute indiscrétion.

Pourtant M. Pietri, le sympathique préfet de police du Second Empire, s'est toujours cru parfaitement renseigné par la chambre noire que tout gouvernement est dans la nécessité d'avoir à sa disposition.

Il n'en était rien.

La correspondance en clair était sacrifiée, mais il y avait deux chiffres à Frohsdorf : l'un, dont M. Pietri possédait le secret, ce qui n'était pas ignoré, l'autre, qui ne courait jamais les dangers de la poste. Le plus souvent le premier était couramment employé, en usant de la poste, pour dépister la curiosité de la police, et cela ne manquait pas de piquant.

M. le comte de Chambord, si vif qu'il fût, n'avait d'acrimonie contre personne, pas même contre ses ennemis. C'était avec une précision, une intelligence merveilleuses qu'il dictait ses volontés. Parfois une boutade pleine d'humour rompait le sérieux de ces heures que mille demandes de secours encombraient. Un jour que le courrier avait été particulièrement lourd à examiner, Monseigneur nous dit avec sa philosophie coutumière : « Si je n'étais pas ce que je suis, je voudrais être un bon bourgeois très riche et alors je crierais : *Vivent tous les gouvernements !* »

Je crois rendre hommage à la mémoire de mon auguste maître, en citant ici le fait suivant qui donne bien la mesure de la noblesse généreuse de ses sentiments.

C'était en 1869 ; l'un de mes collègues de la Maison du Prince, venu de Toulouse à Frohsdorf, fit, à un déjeuner de chasse dans la plaine hongroise, le récit de sa traversée de Paris : « J'ai vu, dit-il, l'empereur Napoléon III, l'Impératrice et le Prince impérial remontant les

Champs-Elysées dans un superbe équipage atte-
lé à la d'Aumont. — Et vous avez salué, j'espère ? » reprit le Prince. Sur une réponse timi-
dement négative, Monseigneur reprit : « Vous
avez eu tort. L'Empereur représente un principe, moi un autre. Qui sait si, avec l'évolution
des temps, le principe que représente Napoléon III ne s'adapte pas mieux que le mien à
ma chère patrie ? Puis le Second Empire n'est
pas pour moi une spoliation. »

Vers une heure le Prince nous donnait congé,
et, selon ses dispositions, continuait à travail-
ler ou regagnait ses appartements. Détail infime
et curieux : Monseigneur avait conservé l'habitude de son époque, il n'écrivait qu'avec des
plumes d'oies qu'il taillait lui-même. Son écriture, très nette et lisible, n'était pas belle et
large comme celles de certains de ses aïeux.

Le Prince a sans cesse modifié son port de
barbe, jusqu'en 1867, époque à partir de laquelle
il l'a portée toujours entière.

Tant qu'il en a été besoin, il se rasait lui-
même. Plus tard, il se servait des ciseaux pour
entretenir sa barbe en pointe, assez courte, laissant les moustaches longues.

Mais, contraste singulier, Monseigneur, n'a
pourtant jamais su faire son nœud de cravate
pas plus qu'attacher ses liens de souliers.

Le Prince était excellent musicien, instruit,
polyglotte, il dessinait avec goût et remplissait
des albums entiers. Il lisait énormément, prenait des notes, et aimait aussi à annoter les ouvrages qu'il dévorait. Sa mémoire était prodi-
gieuse. Il avait le travail facile, mais n'était pas
laborieux : aussi ses manifestes, de même que
ses lettres politiques, qui reflétaient pourtant
exactement ses pensées, n'étaient pas préparés
par lui-même.

Pendant les quinze dernières années de la vie
de Monseigneur, c'était le comte Henri de Vanssay qui, avec une obéissance respectueuse, assu-
mait cette lourde tâche, toujours avec un remarquable talent. Ne différant en cela d'aucun souverain, le Prince imposait ses corrections au travail qu'il avait inspiré.

Dans certaines circonstances particulièrement
graves, M. le comte de Chambord a même eu
recours à la collaboration de Louis Veuillot, ap-
puyée de l'avis du cardinal Pie, évêque de Poi-
tiers.

Le dîner de 7 heures impliquait le même cérémonial que le déjeuner. On restait au salon jusqu'à 9 heures et demie et la conversation de
Monseigneur était si variée, parfois si enjouée,
que ces moments-là passaient rapidement, malgré la réserve qu'imposait l'atmosphère de la

Cour. Un soir que, causant avec un familier de la maison, le comte de la Viefville, nous n'avions pas aperçu l'invitation à s'assoir qu'avait faite Monseigneur à la cantonade, le Prince, avec une charmante bonne grâce, nous dit : « Il faut que je vous apprenne l'adage de la Cour, de s'assoir qu'en on peut, de pi... quand on peut et de demander toutes les places vacantes. »

M. le comte de Chambord tenait un cercle avec infiniment de noblesse. Il l'enveloppait du regard de ses beaux yeux bleus pénétrants et s'entendait à merveille à graduer les attentions, sans cesser d'être aimable pour chacun, et les proportionnait au degré de culture de ses auditeurs : aux uns l'intimité pénétrante, aux autres un mot, un sourire. Un tact infaillible l'empêchait de témoigner trop peu à l'un, trop à l'autre. Mais il évitait toujours, autant qu'il le pouvait, d'impressionner ceux que le prestige royal déconcertait. En sortant du salon, le Prince, après avoir échangé sont habit contre un veston et donné à chacun le temps de l'imiter, montait au fumoir où la conversation à peu près générale prenait une tournure relativement familière. Vers 10 heures et demie le Prince gagnait ses appartements. Parfois une partie de whist ou de quinze durait jusqu'à 11 heures.

Pendant que les hommes étaient au fumoir,

les dames se réunissaient dans les sal ns particuliers de la première dame d'honneur pour y
prendre le thé. Certains de nous devaient y faire
à tour de rôle, en costume de soirée, une apparition. Fréquemment un orchestre ambulant de
tziganes charmait les soirées d'été de ses en-
traînantes improvisations, tandis que les enfants
de la colonie dansaient devant le château.

M. le comte de Chambord était très matineux.
En été il se levait vers 5 heures du matin, en
hiver à 6 heures. Il y avait chaque jour messe
basse à 10 heures pour ceux qui n'allaient pas à
la chasse. Le dimanche, à la même heure, messe
chantée exécutée par la maîtrise (excellente du
reste) composée des gens de la colonie. Louis
Obry. le chef argentier, était un ténor remarquable.

La Famille royale assistait à la messe d'une
tribune au premier étage du château : les dames
d'honneur et invitées y prenaient également
place. La maison du Prince se rangeait de chaque côté de l'autel. M. le comte de Chambord
avait devant lui. parmi ses livres de prières,
l'office de l'ordre du Saint-Esprit dont il était
Grand--Maître. Il en remplissait fidèlement les
devoirs religieux et ne manquait jamais, même
en voyage, à ces pieuses récitations.

Le 21 janvier, une messe était dite dans l1

chapelle de Frohsdorf pour les quatre Martyrs Royaux du Temple : Le Roi, la Reine Marie-Antoinette, Madame Elisabeth, le Roi XVII, ainsi désigné. Les apôtres de la survivance du Dauphin ne peuvent trouver à Frohsdorf un aliment à leur croyance.

Il y avait régulièrement deux grandes chasses par semaine. Ces jours-là, le Prince et les personnes invitées qui en avaient le courage, entendaient, avant de monter en voiture, la messe vers 5 heures et demie ou 6 heures ; cela selon la distance qu'il y avait à parcourir, car il fallait souvent une heure et demie de voiture pour arriver sur le terrain de chasse. Je m'accuse d'avoir le plus souvent préféré mon lit à cette messe d'étiquette.

En dehors de ces deux grandes chasses hebdomadaires, le Prince sortait à peu près chaque jour pendant deux ou trois heures avec son fusil ou sa carabine, accompagné seulement de son chasseur et parfois de l'un de nous, soit pour tirer quelques douzaines de perdreaux, de canards, ou quelques chevreuils, soit pour tirer à balle des daims et des cerfs.

Il fallait une extrême dextérité à l'entourage pour suivre le train de vie de cette cour où la correspondance et les soins donnés aux visiteurs prenaient une large place.

Mais tout était si scrupuleusement réglé, dans une ambiance d'exactitude parfaite, que Monseigneur trouvait le temps de lire beaucoup et de ne jamais sacrifier complètement son plaisir à ses devoirs, parmi lesquels figuraient de fréquentes audiences.

Il ne faut pas trop s'étonner que la chasse prît une si large place dans la vie du Roi. C'était en effet la seule distraction qu'il pût prendre dans cette retraite forcée ; et d'ailleurs, ce plaisir était de tradition et, pour ainsi dire, dans son sang. L'empereur Napoléon Ier, lui-même, s'était approprié cette tradition pendant ses séjours à Compiègne, si occupé pourtant qu'il fût. Cette passion atavique de la chasse quotidienne n'a pas empêché non plus le roi Louis XI d'être un grand réformateur. Il est à remarquer que la vie des souverains n'est pas embarrassée de beaucoup d'impédimenta comme l'est sans cesse celle des particuliers. Tout leur est préparé, mis au point et ils peuvent passer d'une occupation à une autre sans perdre de temps, sans fatigue, sans autre souci que de vouloir. De sorte que la chasse n'est pour eux qu'un hors-d'œuvre.

***

Quand Monsieur le comte et Madame la comtesse de Chambord étaient sollicités d'honorer

UNE CHASSE AU CHAMOIS A WEICHSELBADEN (Styrie 1873)

(d'après un tableau de Goëbel, peintre viennois)

Le comte Henri de LUCCHESI-PALLI. - 2. Le duc della GRAZIA. - 3. Le comte René de MONTI de REZÉ. - 4. M. HUET. - 5. S. M. HENRI V, comte de CHAMBORD. - 6. S. A. R. le comte de BARDI.

un contrat de mariage de leur auguste signature, l'usage voulait que les jeunes époux en venant présenter leurs hommages à Frohsdorf, ap-
portassent leur contrat auquel était joint un par-
chemin devant porter la formule ci-après, faite
aux noms du père et de la mère de l'époux et
de l'épouse :

Monsieur et Madame X... et Monsieur et Madame Z... supplient très respectueusement Monsieur le comte et Madame la comtesse de
Chambord d'avoir pour agréable le mariage
entre Monsieur A... et Mademoiselle B... et de
daigner apposer leurs signatures aux présents
qui seront annexées à l'expédition du contrat de
mariage.

Le plus souvent aucune difficulté ne s'élevait
pour que Monseigneur et Madame donnassent
leur agréement : toutefois j'ai vu le Prince se
refuser à légitimer des substitutions et des empiètements de noms, surtout quand il s'agissait de
prétentions pouvant amener des confusions avec
la famille royale .

Parfois, après le dîner, quand l'intimité du
jour le permettait, Monseigneur aimait à se faire
apporter par l'un de nous quelques-uns de ses
albums si riches en souvenirs : dessins, aquarelles rappelant le passé, sa jeunesse en France,
plus tard ses voyages. Chaque page de ces re-

cueils classés et reliés avec soin était signée des plus grands noms des familiers de la Cour de France, souvent même de ceux de Monseigneur et de sa sœur la princesse Louise de France, qui voisinaient avec ceux des artistes de l'époque.

Le Prince aimait particulièrement à feuilleter les albums rappelant la France, les Tuileries, le pavillon de Marsan qu'il habitait, Versailles, Trianon, Saint-Cloud... Il y trouvait prétexte à narrer mille petites anecdotes amusantes, très fraîches, très ensoleillées, de dix années d'enfance, remplies de ses ébats dans le parc de Saint-Cloud avec ses jeunes camarades : les trois frères de Blacas, Henri de Brissac, Gramont, La Bouillerie, Foresta, Damas, Rivière... Rien ne lui échappait, pas même le souvenir des effluves pestilentielles des galeries des Tuileries dont les recoins, les embrasures de portes remplaçaient souvent les W. C. absents.

Pourtant, devant certains des derniers feuillets rappelant la scène du 2 août 1830 à Rambouillet, la voix du Prince devenait mélancolique et se chargeait d'émotions. Malheureusement ma mémoire est imprécise : je ne peux retrouver le nom de l'auteur qui, en témoin oculaire, avait composé ces aquarelles fixant un fait historique qui a fait couler tant d'encre. Chacun sait que, le 2 août, à Rambouillet, sur les

instances courageuses et opportunes du baron
de Damas, le roi Charles X et son fils le duc
d'Angoulême abdiquèrent l'un et l'autre, selon
la loi héréditaire, pour laisser la place à leur
petit-fils et neveu M. le duc de Bordeaux.

Les gardes du corps qui devaient accompagner
leur vieux Roi, faible et proscrit, juqu'à Cherbourg (le 16 août) prirent les armes, montèrent
à cheval dans la cour du château de Rambouillet ; l'enfant royal éblouissant de beauté parut
dans l'uniforme des cuirassiers dont il était colonel et passa devant le front des troupes. A sa
vue, les épées s'abaissèrent, le drapeau blanc s'in-
clina, tandis que retentissaient les cris de « Vive
le Roi ! »

Dans le fourmillement des principaux personnages qui étaient groupés dans ces tableaux d'histoire, non loin du nouveau jeune Roi, l'on pou-
nait voir madame la duchesse de Berry, la duchesse de Gontant, le baron de Damas... Celui
qui humblement sur la terre d'exil ne voulut
plus être que le comte de Chambord, guidé par
une mémoire merveilleuse, aimait à reconnaître
quantité des acteurs de ce drame de la monarchie, particulièrement beaucoup de gardes du
corps dont il était l'idole et auxquels il aimait
à faire des niches. L'on avait l'impression qu'en
feuilletant ces albums le Prince ne se sentait plus

exilé au fond de l'Autriche. Il se rappelait les voix, les sourires, les visages de ceux qu'il avait aimés. Il revivait les jours enveloppés d'enthousiasme où il recevait l'accueil passionné dû à sa naissance, à la beauté de son visage d'enfant prédestiné tenant dans ses mains l'avenir de la France. Ah ! les beaux espoirs, les beaux songes, les illusions du matin de la vie, suivis de tant de désenchantements !

Jamais une allusion désobligeante à la regrettable ambition de celui qui, peu soucieux de la reconnaissance qu'il devait à la magnanimité de Charles X, oublieux de ses devoirs envers la France, envers sa maison, s'apprêtait à devenir le Roi des Français.

Je tiens à rendre hommage ici aux délicats procédés que Sa Majesté l'empereur François-Joseph n'a cessé d'avoir pendant trente-cinq ans pour M. le comte de Chambord, malgré les difficultés qu'a causées plus d'une fois à son gouvernement la présence de l'auguste exilé dans ses Etats.

Quand Monseigneur venait à Vienne, il envoyait immédiatement l'un de nous à la Burg demander à Sa Majesté l'Empereur quand il lui plairait de recevoir sa visite. L'Empereur admettait toujours presque immédiatement le messager de M. le comte de Chambord, et, avec une

affabilité, une simplicité qui m'est encore si
présente, désignait une heure de la journée.
Puis, à peine cette décision était-elle prise, l'Empereur sautait en voiture, accompagné d'un de
ses aides de camp, et, devançant son royal hôte, lui faisait la première visite au palais de la
Lowelbastei, — par la suite à celui de la The-
resianumgasse — ; ce qui n'empêchait pas M.
le comte de Chambord de se rendre ensuite au
Palais impérial à l'heure indiquée.

La santé de Mme la comtesse de Chambord
étant devenue précaire et se trouvant éprouvée
par les hivers rigoureux de basse Autriche, le
Prince fut entraîné les sept dernières années de
sa vie à passer quelques mois à Goritz où ses
souvenirs de jeunesse le ramenaient. Il y avait
loué la villa Beckmann, située sur une petite
éminence au centre d'un beau parc à mi-chemin
et presque au pied de la colline sur laquelle est
construit le couvent de Castagnavizza, dont la
crypte fut le Saint-Denis de l'exil pour la famille royale.

Si cette demeure, plus massive que belle, était
spacieuse et confortable, elle ne comportait pas
naturellement la vie large, l'existence de cour
où j'ai cherché, à Frohsdorf, à suivre M. le
comte de Chambord ; aussi le Prince s'accor-
dait-il mal d'une vie relativement resserrée où

ses distractions favorites n'avaient plus leurs ai-
ses.

Pourtant beaucoup de Français venaient presque quotidiennement en pèlerinage à la villa
Backmann, mais ne pouvaient guère y être reçus qu'en audience, les salons étant mal disposés pour y tenir l'accueil de la table de Frohsdorf.

Goritz, bâti dans un cirque abrité de toutes
parts que la dernière montagne de Corinthe,
jouit d'un climat exquis qui lui a valu, à juste
raison, le nom de Nice Illirien. Aussi la société
autrichienne qui, jusqu'en 1866, faisait l'élégante
animation de Venise, s'empressa vers Goritz dès
que l'Autriche fut dépossédée de la Vénitie par
l'Italie. M. le comte de Chambord, lui même, en
protestation de la violation des Etats pontificaux par l'Italie et de l'absorption des duchés
de Modène et Parme, vendit le beau palais Ca-
valli qu'il possédait dans la ville des Doges où
il fit sa résidence d'hiver pendant de longues
années. C'est ainsi qu'il fut également refoulé
vers Goritz de 1877 à 1883. Là, encore, le Prince était l'objet de respectueuses déférences, de
délicatesses empressées de la part de toutes les
notabilités de la région qui tenaient à compen-
ser de leur mieux la privation des belles chas-

ses de Frohsdorf, en mettant les leurs à la disposition entière de M. le comte de Chambord.

Naturellement, le Prince usait avec discrétion de ces attentions, pourtant maintes fois, il prenait ses distractions favorites dans les beaux tirés du Baron Ritter, riche industriel de Goritz et à Duino, chez les Princes Fritz et Egon Hohenlohe, qui traditionnellement étaient de l'indemnité de Venise et de Frohsdorf. La particularité de certaine des chasses de Duino consistait dans des tirés très spéciaux de pigeons.

Le beau et célèbre château de Duino, construit sur l'Adriatique, à mi-chemin entre Goritz et Triest, proche de Miramar, est dominé par la région volcanique du Karst, semée d'anciens cratères aujourd'hui inoffensifs.

Ces cratères, le plus souvent fort profonds et étroits à l'orifice, vont en s'élargissant.

Des millions de pigeons sauvages ont pris droit de cité dans ces curieuses retraites, ils y croissent et y multiplient. A l'aide d'un treuil, un garde est descendu doucement dans ces antres préhistoriques et, muni d'un long bambou, il trouble le repos des occupants. Ceux-ci, à peine sont-ils arrivés à l'orifice de leur colombier, rasent la terre comme des flèches, mettant ainsi une difficulté de plus à ce sport passionnant pour les fusils qui guettent ces innocents oiseaux.

Quelques attelages et chevaux de selle étaient mobilisés pour le déplacement de Monseigneur et de Madame à Goritz. Des chevauchées dans la forêt de Panovitz et dans les prairies qui bordent l'isonzo étaient des distractions fort goûtées du Prince et de sa suite.

La Société Goritzoise comblait également la maison de Monseigneur de ses prévenances : invitations permanentes dans les loges au théâtre, parties de campagne pour manger dans le cabaret à la mode de Gradisca les succulentes asperges sauvages qui, dès le mois de mars, poussent dans les prairies ; danses champêtres, sourires d'un essaim de jolies femmes, rien n'était négligé pour ensorceler de sympathies les gentilshommes français et ensoleiller leur exil temporaire.

Goritz est dominé au Nord par une montagne d'une certaine importance appelée le Monte Santo, au haut duquel est un pèlerinage. Un soir que par un clair de lune admirable l'on pouvait observer de la fenêtre du fumoir du Prince une lumière qui scintillait comme une étoile au sommet du mont, Monseigneur me dit : « Tu devrais profiter de ce beau temps pour faire demain matin, dès l'aube, cette ascension. Je

l'ai faite il y a longtemps avec Henri de Rivière alors que je n'avais pas eu encore mon accident de cheval. La vue embrasse tout le Frioul ;
d'un côté Villack, Klagenfurt, de l'autre, l'œil
va se perdre dans l'Adriatique ; c'est féérique ».

Je n'avais garde de négliger les effets d'une
telle bonne grâce. A 4 heures du matin, j'étais
en route avec le jardinier en chef de la villa
comme guide, et à midi j'étais de retour, un
peu las, affamé, mais ravi.

Et comme le Prince voulait bien, dès mon retour, écouter mes impressions enthousiastes, il
mit le comble à ma gaîté en me disant : « J'ai
pensé à toi, ce matin dès mon réveil, et me
suis dit : pendant que je prends mon thé, Monti monte au Monte Santo ».

Au cours de la dernière guerre, le couvent de
la Castaguavizza fut sous les feux croisés des
belligérants. La famille impériale d'Autriche,
fit enlever les royales dépouilles du Roi Charles X,
de M. le Duc et de Mme la Duchesse d'Angoulème,

Nota. — Le cérémonial voulait à la cour que le tutoie-
ment ne soit pas envisagé entre personnes devant le
Prince. Nous observions cette règle entre A. de Chevigné, Ch. de Lur Caluces, Fritz et Egon Hohenlohe et
moi. Monseigneur tutoyait toujours ses neveux et nièces,
jamais son demi-frère et ses demi-sœurs. Il avait pris
exceptionnellement l'habitude dans l'intimité d'honorer
le plus souvent A. de Chevigné et moi de cette marque
d'affection.

de Mme la Duchesse de Parme et de M. le Comte
et Mme la Comtesse de Chambord, qui reposaient dans la crypte du couvent, **déjà en
ruines**, pour les transporter dans la chapelle
des Capucins à Vienne où elles sont pieusement
gardées. Cependant, par un geste charmant, sur
les ordres de M. Mussolini, le podestat de Goritz a pris les mesures nécessaires pour que la
Castaguavizza renaisse de ses cendres ; mais **jusqu'à présent, les héritiers de M.** le comte de
Chambord, par des raisons fort respectables **du**
reste, ne se sont pas mis d'accord avec le Duce
pour que cette translation soit effectuée.

Les dîners à 2 heures à la Hofburg (palais
impérial) ou les soupers à 9 heures n'étaient
guère pour M. le comte et madame la comtesse
de Chambord que des réunions de famille où
Leurs Majestés Impériales et Royales réunissaient quelques archiducs et archiduchesses présents à Vienne. Je dois citer premièrement madame l'archiduchesse Sophie, mère de l'empereur François-Joseph et tante de madame la
comtesse de Chambord. Sa résidence ordinaire
était à Prague ,au palais de Hradschin, où madame la comtesse de Chambord allait souvent la
visiter. Parmi les autres invités figuraient les
frères de Sa Majesté l'Empereur, puis les nombreux représentants de la branche de Toscane,

demi-cousins germains de Monseigneur et dont
l'un était devenu son propre neveu en épousant
la comtesse Alice de Bourbon-Parme ; puis le
duc et la duchesse de Modène, Leurs Majestés
le roi et la reine de Naples, le duc et la duchesse d'Alençon (les deux dernières princesses sœurs de Sa Majsté l'Ifpératrice) ; enfin madame l'archiduchesse Elisabeth, beauté incomparable qui avait épousé en premières
noces un prince de Modène frère de madame la
comtesse de Chambord et était la mère de l'archiduchesse Marie-Christine, future reine d'Espagne. Je doit encore citer le prince et la princesse
Auguste de Saxe-Cobourg, celle-ci princesse Clémentine d'Orléans, fille du roi Louis-Philippe.

Quelques voisins de campagne de Frohsdorf
étaient aussi parfois conviés à ces réunions pour
leur donner un peu d'entrain. C'était les deux
belles princesses Lichtenstein, les Esterhazy, le
prince Pierre d'Aremberg, puis les Bombelle et
les Rohan d'origine française. J'y ai vu aussi
la princesse Mélanie de Metternich, toujours
étincelante d'esprit.

Ces réunions, si nombreuses qu'elles fussent
souvent, étaient empreintes d'une grande simplicité.

Leurs Majestés l'Empereur et l'Impératrice
avaient toujours beaucoup de bienveillance pour

les personnes de la maison de M. le comte de
Chambord ayant l'honneur de l'accompagner.
C'était avec empressement que Sa Majesté l'Impératrice saisissait, quand elle le pouvait, l'occasion de s'entretenir de questions sportives. C'est
ainsi qu'une de ses dames d'honneur, la comtesse
Attems, lui ayant dit que j'adorais la chasse à
courre, Sa Majesté vint me faire part de son
regret de ne pouvoir, à cause du climat d'Autriche-Hongrie, avoir un « bel équipage ». « J'en
ai un pour rire, me dit-elle, à Gödöllö où je
chasse des cerfs et des renards de boîtes. Vous
devriez venir voir cela, il y a quelques obstacles,
c'est amusant tout de même ».

Je fis part à mon auguste Maître de cette invitation privilégiée. Monseigneur voulut bien consentir à ce déplacement. Mon ami le prince
Ghislain de Berghes, attaché militaire français
à Vienne, invité de fondation à ces chasses, mit
des chevaux à ma disposition.

Le château royal de Gödöllö entouré d'un parc
magnifique est à 35 kilomètres de Pesth. L'ordonnance des chasses était tout anglaise et im-
peccable. Avoir galoppé pendant deux jours à
la suite de cette incomparable souveraine du
sport dont la beauté, la simplicité, la bonne
grâce et aussi la majesté ne pouvaient être dé-
passées, reste parmi mes plus chers souvenirs

de cette terre d'Autriche où l'exil était rendu si doux.

Je ne veux pas quitter Vienne sans rappeler que des rapports excellents n'ont jamais cessé d'exister entre M. le comte de Chambord et la princesse Clémentine d'Orléans, fille du roi Louis-Philippe. Le prince Auguste de Saxe-Cobourg son époux possédait au centre de Vienne, dans le quartier de la Kaerntnerstrasse un somptueux palais ; l'un et l'autre aimaient à en faire les honneurs à M. le comte de Chambord. A ces dîners se retrouvaient naturellement la plupart des invités de la Hofburg. Le bon prince Auguste aimait le faste et invariablement faisait, sans ménagement pour le tact et la délicatesse de sa femme qui en souffrait, étalage de ses richesses. Il s'étendait sur l'immensité des domaines qu'il possédait dans les Karpathes, sur ses chasses, sur la valeur de ses surtouts de table, ajoutant invariablement d'une voix traînante avec un fort accent nasal : « Tout le monde n'a pas ça ! »

Le salon dans lequel on se tenait généralement après les grands dîners au palais Cobourg était un véritable musée de peinture, où le pantalon rouge du roi Louis-Philippe attirait malencontreusement les regards. M. le comte de Chambord, avec une obstination que l'on comprend. ne manquait jamais de tourner le dos à ce portrait fâcheux. C'est avec malice que le Prince se plaisait à nous faire remarquer sa manœuvre.

Le 1er février 1864, madame la duchesse de Parme (Louise de France) mourait : c'était pour son auguste frère, qui s'appuyait si souvent avec tendresse sur son esprit et son cœur, une perte immense. Elle lui confiait la protection de quatre enfants dont l'aînée, la princesse Marguerite, avait dix-sept ans et le dernier de tous, M. le comte de Bardi, treize ans.

Monseigneur et madame ouvrirent alors leurs bras très grands à ces quatre orphelins en les installant près d'eux avec leur maison, en veillant avec une touchante sollicitude sur leur éducation ainsi que sur leur fortune.

La générosité, la tendresse de M. le comte de Chambord fut payée par ses neveux et nièces d'une reconnaisance qui ne s'est jamais démentie.

En 1867 la princesse Marguerite se mariait dans la chapelle de Frohsdorf avec son cousin don Carlos, duc de Madrid. L'année suivante. également à Frohsdorf, la princesse Alice épousait Son Altesse Impériale et Royale le grand-duc de Toscane (elle vit encore dans son palais de Salzbourg). Enfin en 1869. Son Altesse Roya-

le monseigneur le duc Robert de Parme épousait
à Rome la princesse Marie-Pie de Bourbon-Sici-
le, demi-sœur du roi François II de Naples.

A partir de ce moment M. le comte de Bardi,
ayant été retiré du collège de Feldkirchen, résida presque continuellement à Frohsdorf, dont il
fut l'enfant chéri, jusqu'à la mort de M. le comte de Chambord.

Pendant l'été de 1873 Monseigneur et Madame
voulurent ébaucher un projet de mariage pour
M. le comte de Bardi, alors âgé de vingt-deux
ans. J'ai rappelé précédemment les liens qui
unissaient Monseigneur et Madame à Son Altesse
Impériale et Royale madame l'archiduchesse
Elisabeth. Sous ces auspices il fut convenu que
M. le comte de Bardi irait un jour déjeuner à
2 heures à Borden au palais impérial de la Wil-
burg pour y rencontrer la jeune archiduchesse
Marie-Christine qui entrait dans sa seizième
année, princesse d'un physique distingué, d'une
tournure élégante, d'un caractère enjoué, d'une
intelligence rare et qui donnait déjà l'impression d'une personnalité remarquable. Le poids
de la couronne d'Espagne devait en faire une
grande reine.

Pour enlever toute solennité à cette rencontre,
madame l'archiduchesse Elisabeth avait invité
quelques jeunes princes et princesses de la mai-

son de Habsbourg. De ce nombre était l'archiduc Rodolphe, le trop tragiquement célèbre
héritier de la couronne d'Autriche. Il était précisément du même âge que l'archiduchesse Marie-Christine, et d'une beauté, d'une bonne grâce exquises.

Le marquis Malaspina, chambellan de Son
Altesse Royale Mgr le comte de Bardi, étant
malade, j'eus la bonne fortune d'être désigné
pour accompagner le jeune prince.

L'accueil fut charmant, le dîner plein d'entrain et de gaieté ; la résolution fut prise de
faire après le repas une grande partie de cache-
cache dans le parc. L'espièglerie, l'esprit, la simplicité, la belle humeur ne manquaient à aucun
de ces jeunes princes et princesses. Bientôt M.
le comte de Bardi et moi-même fûmes sommés
de déposer nos chapeaux haut de forme et nos
redingotes. Ce n'est pas sans un retour de douce
hilarité que je revois nos dépouilles dans les
mains de l'archiduc Rodolphe et de l'archiduchesse Marie-Christine, allant, en guise de porte-manteaux, revêtir deux statues de nymphes
devenues grotesques sous ce déguisement.

Pourtant ces heureuses prémices ne devaient
pas avoir de lendemain. Peu de semaines après,
M. le comte de Bardi, d'un naturel très inflammable, était invité à retrouver à Cannes son

Marquis
MAXENCE de FORESTA

Comte STANISLAS de BLACAS

Comte
EDOUARD de MONTI de REZÉ

frère, M. le duc de Parme, et sa belle-sœur. Il y faisait connaissance de la princesse Louise, sœur cadette de madame la duchesse de Parme, s'en éprenait et l'épousait bien qu'elle fût d'une santé fragile. Six mois après le Prince était veuf et reprenait sa place à Frohsdorf.

J'ai reçu pendant quinze années d'intimité trop de marques de bonté de M. le comte de Bardi, si délicieusement intelligent, pour ne pas m'incliner avec émotion devant de tels souvenirs.

De longues années plus tard, en 1914, ayant séjourné deux semaines au Palais Royal de Madrid, alors que j'y accompagnais Leurs Altesses Royales le Prince et la Princesse Elie de Bourbon-Parme, auxquels j'ai voué un profond et respectueux attachement, je devais être comblé des bontés de Sa Majesté la reine Marie-Christine dont la bienveillante mémoire restait infaillible.

Bien que les chasses ne manquassent pas à Sa Majesté l'empereur d'Autriche, il tenait à répondre au moins une fois par an à l'invitation de son royal cousin l'exilé de Frohsdorf. C'était généralement à une chasse au lièvre, en décembre, appelée l'académie, parce que l'un des murs du parc de l'académie de Wiener Neustadt (l'Ecole militaire) servait d'aile à cette chasse où l'on tuait 1.800 à 2.000 lièvres. Il y avait toujours un grand nombre de rabatteurs (jusqu'à un millier) et, selon l'usage, quelques musiques de tziganes.

Si intéressantes, à plus d'un titre, que fussent ces réunions, je ne puis m'empêcher de frissonner au souvenir de l'immense drap de neige qui recouvrait uniformément la plaine sans fin d'Autriche-Hongrie, et du vent glacial qui faisait apprécier les fourrures et les bottes de feutre, le bonnet et le manchon de petit-gris complétant l'uniforme pour ces battues par une température excessive.

Les grands seigneurs autrichiens et hongrois aimaient à entourer M. le comte de Chambord de leurs respectueuses sympathies. Je noterai spécialement la réception que le prince Camille de Rohan voulut faire à Monseigneur, à Sichrow en Bohème, dans les premiers jours de septembre 1875, alors que les meilleurs de ses baux de chasses avec les communes venaient à expiration et que, par mesure d'économie, ils ne devaient plus être renouvelés.

Le prince Camille de Rohan n'avait rien oublié de l'origine bretonne de son illustre famille ; il représentait la branche aînée chassée de France au moment de la révolution ; son installation en Autriche n'avait pas émoussé ses sentiments français. Ses allures de grand seigneur, fruit d'un long atavisme et de la culture de la Cour, étaient à la mesure de la haute devise de son beau nom. M. le comte de Chambord, en répondant à l'invitation de son cousin, avait voulu, par discrétion, n'être accompagné que de deux personnes de sa maison. Le baron Eugène de Raincourt étant de service avec moi en ce moment à Frohsdorf, nous eûmes l'honneur d'être les élus.

Le château de Sichrow, l'un des plus imposants de Bohême, se dresse à une centaine de kilomètres de Prague, au milieu d'un immense parc entouré de murs que borde, pendant quelques milles, la ligne de chemin de fer de Prague à Zittau au-dessus de la vallée de la Mohelka.

Par un raffinement d'égards, le prince Camille de Rohan n'avait pas voulu que le Roi de France fît son entrée à Sichrow par l'une des anciennes portes du domaine ; aussi avait-il fait ouvrir dans le mur du parc une large brèche en face de laquelle le train spécial mis depuis Prague à la disposition de Monseigneur fût arrêté.

Les membres de la maison de Rohan, dont le prince Camille était le chef, attendaient là celui qu'ils considéraient comme le Roi de France : plusieurs voitures à quatre chevaux étaient prêtes à recevoir le Prince et sa suite. Un orchestre excellent joue *Vive Henri IV*, les voitures s'ébranlent et bientôt les donjons de Sichrow apparaissent dorés par un superbe soleil couchant. La bannière des Rohan y flotte majestueusement, mais, tandis que les attelages approchent du château, le pavillon de Rohan s'abaisse lentement et fait place à un immense drapeau blanc fleurdelisé.

Tant de grandeur dans la simplicité de cet accueil était réellement émouvante. L'oriflamme royal devait rester toute la semaine au donjon du château et ne céder la place à celui des Rohan qu'au moment du départ de Monseigneur. Le prince remercia par un mot charmant : « Mais votre bannière pouvait rester à côté de la mienne. »

Cette soirée d'arrivée n'était que la préface des attentions magnifiques, des gestes grandioses qui devaient entourer M. le comte de Chambord pendant son séjour à Sichrow, durant lequel plus de six mille pièces de gibier de toutes sortes, gros et petit, furent abattues par dix fusils parmi lesquels j'avais l'honneur d'être un modeste mais bien heureux et intéressé figurant.

Deux mille rabatteurs étaient commis à ces chasses très longuement préparées et dirigées avec une allure toute militaire par les princes Victor et Louis de Rohan à cheval. Partout où M. le comte de Chambord devait marcher quelque peu, des allées sablées avaient été disposées pour lui éviter toute fatigue. La plaine était hérissée de remises à gibier pour la circonstance avec des milliers de têtes de sapins fichées en terre, et de véritables fortins protégeaient les chasseurs contre les agressions des sangliers et des cerfs qui dévalaient en hardes nombreuses,

Après ces incomparables journées favorisées par un temps d'automne radieux, exceptionnel en Bohême, la brèche faite dans le mur du parc pour l'entrée de Monseigneur fut close et une plaque commémorative fut apposée, rappelant que, sur cette terre d'exil, le descendant d'un des anciens rois de Bretagne avait voulu rendre hommage à son souverain. Il faut dire que le mérite de tels hommages revient en partie à Sa Majesté l'empereur François-Joseph, dont la bonté, la délicatesse envers la maison de France exilée ne sont jamais démenties. Il faisait mieux qu'autoriser ses sujets à de tels égards, il les encourageait par son exemple.

*
* *

Le Prince était toujours resté un fils admiratif, respectueux et très affectueux pour sa mère, madame la duchesse de Berry, chez laquelle il se rendait fréquemment, avec Madame, à Brunnsee près de Gratz, accompagné de certains d'entre nous.

Ce château de la même époque que Frohsdorf, est une fort belle demeure. Le souvenir de Brunnsee reste particulièrement émouvant pour moi, car j'y ai été traité en enfant gâté par madame la Duchesse de Berry en souvenir de mon oncle, le comte Edouard de Monti, son aide de camp en Vendée lors du soulèvement royaliste de 1832. Sous l'influence de celui qui n'avait pas craint d'inaugurer sa politique en pactisant avec le traître Deutz. le gouvernement de Louis-Philippe prononça beaucoup de condamnations à mort, dont celles du général de Charette, de mon oncle, de mon père, de deux Bourmont, d'un La Roche-Macé, de deux Kersabiec et de tant d'autres.

Le général de Charette put, avec son cousin Edouard de Monti, fuir en proscrit de France dans des conditions particulièrement curieuses et émouvantes : ayant certaines accointances avec le général Dermoncourt, qui commandait la place de Nantes. ils purent se confier à ce galant homme, dont le foyer ne pouvait être suspecté puisque l'ordre de leur arrestation était dans les mains du général. Une belle nuit, ces deux messieurs, avec la complicité d'un capitaine au long cours royaliste, qui était précisément de la commune de Rezé, se firent enfermer sur le quai de la Fosse, à Nantes, dans deux tonneaux, puis rouler sur un bateau de commerce en partance pour Jersey, le lendemain matin. Ce n'est que quand Saint-Nazaire eut été perdu de vue que les fugitifs avisés prirent le grand air. Le comte Edouard de Monti fut cinq années sans pouvoir rentrer en France. Il fut attaché pendant longtemps à la maison de madame la duchesse de Berry en exil. Plus tard M. le comte de Chambord demanda à sa mère de lui « céder » le comte Edouard de Monti qui devint son confident.

C'est ainsi que M. le comte de Chambord note dans ses carnets publiés par François Laurencie en 1912 : « Le 31 mai 1847 je vais à Parme avec Monti voir Marie-Louise qui me reçoit à merveille. Déjeuner... Promenade... »

A ce propos il est utile de rappeler que l'ex-impératrice des Français, à laquelle le Congrès de Vienne avait attribué le duché de Parme à titre de pension viagère, s'était mariée en secondes noces avec le comte de Neipperg (créé prince de Montenuovo), dont elle eut trois enfants, et, en troisièmes noces, avec le marquis Charles de Bombelles, celui-ci, sous la Restauration, avait

fait partie de la maison de madame la duchesse
de Berry (1), il était naturellement resté en relations étroites avec la famille royale exilée, et
il était particulièrement lié avec le comte E. de
Monti. Si l'ex-impératrice avait le bon goût de
ne jamais parler de son premier époux, le marquis de Bombelles, qui n'était pas tenu d'observer la même réserve sur son illustre prédéces-
seur, faisait volontiers à son intimité de curieuses confidences ; j'en ai eu bien souvent les
échos par mon oncle. Certaines peuvent se résu-
mer ainsi : c'est qu'en matière conjugale la sen-
sualité brutale de Napoléon Ier n'attirait pas la
tendresse d'une femme.

Au reste Napoléon est un continuel étonne-
ment, son corps était très endurant avec des
délicatesses féminines.

Au lendemain de son autopsie à Sainte-Hélè-
ne, l'aide-major anglais Henry Walter, qui y
assiste, note le peu d'abondance du système pi-
leux et spécifie en latin *partes viriles exiquitati
insignüs sicut pueri*.

Ces dispositions ne touchent en rien à la viri-
lité dont l'empereur a doné des gages, même
extra muros en se montrant ardent et prolifique,

---

(1) De ce troisième mariage il y eut plusieurs enfants
que j'ai connus dans des situations importantes à la
Cour de l'empereur François-Joseph.

et doivent pourtant être rapprochées de certains désenchantements féminins.

Ma première soirée à Brunnsee, où j'accompagnais mes augustes maîtres, fut marquée par un incident dont je garde le souvenir intimidant et gai. Immédiatement après le dîner, alors que personne de l'entourage n'avait encore été invité à s'asseoir, je m'étais, mon claque sous le bras, appuyé à l'un des meubles du salon ; machinalement, une main derrière le dos, je palpais le dit meuble, lorsque tout à coup, une vive explosion musicale se produisit dans mon dos ; aussitôt tous les regards interrogateurs se tournèrent de mon côté, et bientôt madame la duchesse de Berry, avec son esprit, sa bonté ordinaire, me dit en riant aux larmes : « Monti, vous avez fait un miracle sans le savoir, car il y a vingt ans que tout le monde essaye inutilement de faire marcher cette boîte à musique ». Et c'est ainsi que, sous les auspices d'une valse entraînante, j'ai reçu la première marque de cette bonté charmante et éveillée qui ne quittait jamais madame la duchesse de Berry.

De son mariage avec le beau comte de Lucchesi Pailli, prince de Campofranco, madame la duchesse de Berry eut quatre enfants : la comtesse Camille Zillery, la princesse Massimo, la comtesse Conti, le duc della Grazia, tous morts aujourd'hui, mais ayant laissé de nombreux descendants.

Le duc Adinolphe della Grazia avait épousé la fille du duc de Sants Antimo (Lucrèce) qui existe encore et répand, comme toujours, le charme autour d'elle. Je garde de ce grand seigneur, si beau, si exquis, comme tous les siens, et dont la ressemblance avec son auguste demi-frère était frappante, les gages d'une amitié dont le souvenir m'est doux.

A Frohsdorf, les enfants de madame la duchesse de Berry étaient toujours traités, non pas en demi-frère et sœurs, mais avec une cordiale distinction. C'est ainsi, par exemple, que, lorsqu'ils venaient à Frohsdorf, il avaient la faveur d'être reçus avant les repas dans les appartements particuliers de Monseigneur et de Madame, et d'arriver à leur suite dans le salon rouge d'attente où les invités et la maison du Prince se trouvaient réunis. Cette faveur, réservée seulement aux enfants de Parme et aux princes du sang, ne s'étendait pas aux membres des familles de Charette et de Lucinge, si particulièrement distingués qu'elles fussent, à la Cour de Frohsdorf.

Je ne veux pas quitter Brunnsee sans mentionner ici un souvenir qui témoigne de la douceur des liens que l'ambiance de la chouannerie y répandait.

Mon grand-oncle, le comte de Courson, lui-même condamné à mort en 1832 (il avait épousé mademoiselle de Charette, sœur de ma grand'-mère), vint se fixer au château de Spidfeld, près de madame la duchesse de Berry, avec un prêtre breton qui avait aussi fait le coup de feu dans les rangs des Chouans qu'il commandait près de Vitré. Ce bon abbé Lésis, ex-vicaire du comte de Courson au château des Hurlières, paroisse de Chatillon-en-Vaudois (Ile-et-Vilaine), devint chapelain de Brunnsee où il était adoré de tout le monde.

Un jour, M. le comte de Chambord apprend à Frohsdorf que ce saint prêtre, plein de finesse et d'esprit, est frappé d'une attaque et se trouve à toute extrémité. Aussitôt il part fort ému pour Brunnsee. Aussitôt arrivé, avec ménagement, il s'approche du lit du moribond, lui prend la main et lui dit . « Cela ne va donc pas, mon cher abbé ? » — Celui-ci relève la tête, regarde son Roi et a encore la présence d'esprit de lui dire : « Avez-vous des commissions pour Henri IV ? »

Ce bon abbé, taillé en hercule et en ayant la vigueur, était d'une bonté, d'une charité à défier le geste de saint Martin. Quand ses devoirs d'apôtre lui en laissaient le loisir, il prenait volontiers le rôle de bonne près des enfants nés du second mariage de madame la duchesse de Berry, qui l'idolâtraient.

Spirituel et jovial, il tenait une place importante à cette petite cour de Brunnsee qu'il animait, aussi était-il fréquemment invité à la table de la princesse à laquelle ce brave chouan donnait la réplique. Il était le héros d'histoires sans nombre, où sa bravoure et sa force trouvaient leur emploi.

Un jour, l'on signale qu'un malfaiteur dangereux est réfugié dans un coin écarté du parc de Brunnsee et veut faire payer chèrement sa vie. L'abbé calme ceux qui malgré tout veulent appréhender le misérable, leur dit de se tenir à l'écart, cache une corde solide sous sa soutane, et dévôtement se met à lire son bréviaire tout en se dirigeant vers la retraite du repris de justice. Bientôt, en effet, un homme menaçant se dresse devant lui, mais il est indécis à se servir de ses armes devant l'attitude pacifique de ce pasteur.

L'abbé profite de cette indécision pour sauter sur lui, le terrasser, le ligotter et le remettre en riant à la maréchaussée.

Mon oncle et ma tante de Courson avaient

amené avec eux dans leur émigration, si adoucie par le voisinage de Brunnsee, deux filles de leur fermière des Hurlières, Marie-Jeanne et Anne-Marie (que j'ai connues).

Cette dernière était fréquemment envoyée à la rivière de la Mur qui serpente au pied de Spilfeld, avant de traverser Gratz, pour y laver le linge de maison ; le frais minois de la petite servante qu'abritait la coiffe bretonne, avait attiré les regards d'un batelier qui, ne pouvant se faire entendre vue la différence de langue, devint entreprenant ; si bien qu'Anne-Marie avait déclaré ne plus vouloir aller à la Mur. L'abbé, prévenu par les miens, intervint aussitôt en disant à sa payse : « Pas de blague, petite, vas-y, je me charge de tout ».

Confiante dans son protecteur, rassurée par son prestige, Anne-Marie se rend au lavoir son panier de linge au bras. Bientôt le galant batelier apparaît sans se douter que l'abbé est dissimulé non loin de là, il est enflammé, provoquant. D'un bond, l'abbé est derrière lui et d'un coup de pied l'envoie s'ébattre dans la rivière. Mais l'eau est profonde, le batelier qui ne sait pas nager, va se noyer.

Arracher sa soutane et sauver l'amoureux transi ne fut l'affaire que d'un instant pour l'excellent prêtre

De ses passions guerrières, l'une d'elles subsistait toujours : la chasse. Il s'abstenait naturellement de prendre part aux grandes battues que permettait l'aménagement de la belle terre de Brunnsee mais, discrètement il se rendait parfois, le fusil sous le bras, dans un coin isolé du domaine. Un jour, en tirant une caille dans un blé de Turquie, il envoya une partie de sa charge de plomb dans le postérieur d'une indigène courbée en deux par son travail et dont la présence ne pouvait être signalée. Bien que les jupons eûssent amorti le coup, il y eut cependant du sang répandu. Cette mésaventure fit prendre la décision à l'abbé de ne plus jamais chasser, disant plaisamment qu'il ne pouvait se consoler d'avoir défiguré une jeune femme.

Il y avait à Brunnsee une faisanderie parfaitement dirigée. Je me souviens d'y avoir admiré le lauréat de ces gallinacés dans la personne d'un dindon bronzé mâle ; cet original mettait tout son art à couver des œufs des faisans et c'était un curieux spectacle de le voir étalant sa roue au milieu de ses innombrables élèves.

Ce sage a pu ainsi éviter la broche réservée à sa famille

C'est dans le cimetière de Murech, paroisse de Brunnsee, que repose l'abbé Lésis, proche de la tombe que cette chevaleresque et héroïque princesse, madame la duchesse de Berry, régente de France, occupa plus tard, en 1870. Madame la duchesse de Berry est morte à Brunnsee le 16 avril 1870 ; si Marie-Caroline n'ajoute à l'histoire de France qu'une seule page, c'est du moins une page héroïque qui fera battre de siècle en siècle tous les cœurs généreux.

La mollesse timorée de M. le comte d'Artois, ses coupables indécisions, qui, des luttes de la Vendée géante aux massacres de Quiberon, n'ont engendré que des pages inutilement glorieuses et sanglantes, devaient, trente-sept ans plus tard, inspirer le Roi Charles X dans ses critiques et son désaveu de la courageuse et noble entreprise de la mère d'Henri V.

Parmi les reliques de l'exil que je possède, je garde la montre en or à répétition qui avait été donnée à l'abbé Lésis par madame la duchesse de Berry en 1840, montre dont mon père hérita, le comte de Courson ayant été le légataire universel de son vieux compagnon d'armes.

Je garde aussi l'un des drapeaux blancs de la prise d'armes de 1832, dans les plis duquel est tombé le comte d'Anache et qu'il a teint de son sang.

.*.

Le Prince avait une constitution particulièrement vigoureuse et son système pilaire était très développé.

Le mysticisme religieux qui l'entourait depuis sa tendre enfance l'avait enfermé, jusqu'à son mariage, dans une tour d'ivoire. Les scrupules qu'on lui avait inspirés ne devaient jamais lui permettre de s'évader du foyer conjugal où ces seules raisons l'enchaînaient, car la vue d'une jolie femme le troublait au point d'en craindre la présence à Frohsdorf.

Mais la jalousie de madame la comtesse de Chambord était vigilante ; elle se montrait impatiente de voir les deux orphelines de Parme, les princesses Marguerite et Alice, recueillies à Frohsdorf, mariées sans retard. Ce qui fut fait.

M. le comte de Chambord avait le caractère enjoué, il aimait à rire et sa gaîté était communicative. Bien qu'extrèmement intelligent et fin, il manquait d'éloquence et écrivait mieux qu'il ne parlait.

Il avait un timbre de voix profond, mâle, éclatant, en même temps que musical ; aussi, dès qu'il parlait, l'obligation où l'on était de l'écouter devenait un plaisir.

Jamais le Prince n'a pu vaincre la grande timidité cachée qui l'oppressait. C'est dans

Comte
Maxence de DAMAS-d'HAUTEFORT

Comte Henri de VANSSAY

Comte
de SAINTE-SUZANNE

celle-ci, dans son manque d'ambition, dans les conséquences du mariage que son entourage ecclésiastique avait offert à sa virile jeunesse, qu'il faut chercher, en grande partie, les causes des décisions si décevantes prises par lui pendant son règne d'exilé, particulièrement en 1873, alors que la majorité des Français lui tendait les bras. En corrélation avec ses causes, il faut aussi observer que la forte claudication du prince, depuis son ancienne chute de cheval, alourdissait sa marche ; et son physique avait nécessairement, comme chez le commun des mortels, emprisonné le moral.

Bien que madame la comtesse de Chambord eût une belle tournure, qu'elle fût distinguée, élégante amazone, gracieuse, elle restait d'une intelligence moyenne mais d'une parfaite bonté. Son grand mysticisme rendait ses courtes vues politiques aisées à circonvenir. Aussi a-t-elle toujours été en opposition avec le rôle que la Providence lui avait dévolu.

Puis Madame se rendait compte que son physique désavantageux, son âge, supérieur à trois ans à celui de son mari, sa stérilité, sa surdité, autant d'imperfections déjà encombrantes pour un Roi en exil, le deviendraient bien davantage dans les devoirs de représentation d'une reine de France.

De la aussi, l'extrême jalousie que Madame ressentait à l'égard de son mari, et les soucis qu'elle éprouvait à mettre sa conscience d'accord avec ses répugnances pour la vie royale à Paris qu'elle redoutait.

Il n'y a aucun doute que ces considérations n'aient hanté constamment le Prince chaque fois que les portes de Versailles, où le Roi eût voulu habiter, s'entr'ouvraient devant lui !

Cependant, Monseigneur envisageait parfois avec les élans d'un Louis XIV, la pompe dont devaient être entourées sa rentrée en France, son installation dans le château du grand Roi, les visites à Paris qu'il voulait remplies d'éclat. Dans sa plus tendre enfance, il avait porté à Paris l'uniforme du régiment des cuirassiers dont il était le colonel titulaire ; ses sentiments pour l'armée, qu'il aimait, étaient imprégnés de ces souvenirs. Dès la fin de 1872, il se complaisait à examiner et à revêtir les uniformes qui avaient été préparés en vue de la restauration de la monarchie, et à considérer les nôtres. J'ai encore le mien ; il figure dans le musée de deuil de mes déceptions, près du moulage de la magnifique tête du roi Henri V, pris sur son lit de mort : déceptions qui provenaient certainement de l'écroulement de l'espoir des hautes distinctions qui étaient assurées à beaucoup d'entre nous..., mais surtout de l'idée non réalisée de l'avenir heureux et prospère que nous pouvions entrevoir pour la France.

Au début de 1873, le retour de la monarchie semblait si assuré que le comte Maxence de Damas, avec l'esprit d'organisation qui l'inspirait dans ses fonctions de grand-écuyer, avait fait préparer chez le carrossier Bender des voitures disposées pour l'entrée du Roi à Paris. Ces voitures figurent aujourd'hui pour la plupart au musée du château de Chambord.

Le comte de Damas, toujours guidé par son dévouement éclairé, aussi judicieusement préoccupé qu'aucun incident fâcheux, dans l'ordre hippique, ne vînt troubler la rentrée du Prince, s'était, avec l'acquiescement de M. le comte de Chambord, procuré trois chevaux de selle pour être mis au rang du Roi. Ces animaux magnifique étaient, par leur calme, à l'épreuve de toutes les impressions.

Deux grands chevaux hanovriens bai, très près du sang, avaient été achetés par le comte de Damas et moi à Vienne et envoyés à Paris en raison des espérances à l'ordre du jour. Puis une jument irlandaise, alezane, épave de la vènerie de l'empereur Napoléon III, avait été désignée au comte de Damas par son ami le général comte Fleury. L'on sait que ce fort galant homme illustra les équipages impériaux, modèles de goût et d'élégance.

Les chevaux hanovriens s'appelaient Arques et Ivry, la jument s'appelait Rachel.

Quand l'heure des déceptions fut venue, les trois chevaux furent envoyés à Frohsdorf, et j'ai profité à loisir du plaisir mélancolique de monter ces palefrois si bien mis. Sa majesté le roi François II de Naples, dans les fréquents séjours qu'il faisait à Frohsdorf, aimait particulièrement à monter Arques. Que de chevauchées j'ai faites avec cet excellent Prince qui s'effaçait toujours et partout devant son auguste hôte, pour lequel il professait un véritable culte !

Et pourtant, si la fatalité ne s'était pas attachée aux courageux efforts de la grande majorité royaliste que la Chambre représentait en 1873, la monarchie était faite, le pays l'accueillant dans un magnifique élan que chacun escomptait, le haut commerce en particulier.

Beaucoup d'informations secrètes parvenaient alors à Frohsdorf par un intermédiaire aussi sûr qu'insoupçonné. Par cette voie l'on était avisé que plusieurs fabriques de cocardes blanches fonctionnaient à Paris, que la seule maison de B..., en particulier, avait fait couler en verre quelques centaines de mille de petits bustes d' « Henri V ».

M. Léon Renaud, préfet de police sous le maréchal de Mac-Mahon, rappelait plus tard ces curieux préparatifs devant le comte Emmanuel d'Harcourt et son cousin, le général de Charette, qui le consigne dans ses souvenirs.

« Il y avait, nous disait M. Léon Renaud, en 1873, plusieurs millions de drapeaux blancs à Paris, tout prêts à être arborés ».

Monseigneur n'avait pas le goût artistique développé ; il aimait les jolies choses, ne les recherchait pas. Il ne portait ni bagues ni bijoux d'aucune sorte ; aussi son service observait cette discrétion. S'il tenait à la parfaite tenue de son entourage et de sa maison, il n'avait pas, lui-même, le sentiment de l'élégance. Des vêtements amples et commodes comblaient ses vœux. Il craignait la gêne à ce point qu'il confiait à l'un de ses valets de chambre, qui avait le même joli pied que lui, le soin de briser ses chaussures neuves en les portant quelque peu. Il aimait à ne manquer de rien, sans superflu, et la pompe, en exil, le gênait plus qu'elle ne l'attirait, bien qu'il eût toujours une réelle majesté dans son port et son visage. Doué d'une santé merveilleuse et d'une vue excellente, il n'avait jamais eu jusqu'à sa mort (soixante-trois ans) recours à un opticien.

Le Prince portait, depuis sa jeunesse, une

montre en or de la maison Bréguet. Elle se remontait, selon l'usage de l'époque, avec une clef. Cette montre, sans prétention artistique, lui avait été offerte à Butschirad (1), en 1883, par une députation royaliste, à la tête de laquelle était Chateaubriand, venue fêter la majorité politique d'Henri V. Une courte chaînette supportant quelques médaillons de dévotion était jointe à ce souvenir qui lui était cher.

Toute sa lingerie personnelle venait de la maison Doucet, rue de la Paix, ainsi que l'eau de Portugal, qui était le seul parfum auquel il eût recours. Il portait uniformément, dans la journée, une cravate noire dont un valet de chambre devait faire le nœud.

M. Doucet était le beau-frère du premier chef de cuisine de Frohsdorf, M. Arson, lequel était le fils de dévoués serviteurs de madame la duchesse de Berry, venus de l'Elysée à Brunnsee. Au reste, toute la haute domesticité de Frohsdorf trouvait ses quartiers de noblesse dans ses traditions à la Cour de France.

Le premier des trois valets de chambre de Monseigneur, « Obry », dit Charlemagne, avait été postillon de d'Aumont sous le roi

---

(1) Modeste résidence d'été de la famille royale à six lieues de Prague.

Charles X, au sacre duquel il avait assisté, à Reims, en 1825.

Dans l'une des quatre gravures représentant les chasses royales sous la Restauration, par Carle Vernet, Obry figure comme postillon de la volée de la voiture où se trouve madame la Dauphine, accompagnée de la comtesse de Villefranche. Dans cette même gravure, où tout est portrait, même les chiens, dont je puis dire les noms, au moins celui des plus célèbres, le premier piqueur Leroux enlève ses bottes à chaudron pour présider à l'hallali. Le petit-fils de ce piqueur était également à la Chambre à Frohsdorf, tandis que d'autres de ses descendants n'ont jamais quitté le quartier de la rue des Ecuries d'Artois et y tiennent un haut commerce.

Aussi, cette colonie d'exilés ne formait-elle qu'une même famille où le dévouement était seul en honneur. Charlemagne avait une jolie chasse, près de Frohsdorf ; parfois Monseigneur s'y invitait.

C'est ce même Charlemagne qui, en 1883, a reçu le dernier soupir de l'auguste maître qu'il adorait.

*
* *

Dans les pages qui précèdent, j'ai parlé de la générosité des sentiments de M. le comte de

Chambord envers le Second Empire. Je veux, encore, en me penchant sur le passé, consigner ici deux souvenirs historiques.

Au milieu de l'été 1875, la surprise de M. le comte de Chambord fut grande de recevoir un matin une lettre de Sa Majesté la reine Isabelle d'Espagne, exilée à Paris, mais en villégiature à Baden, près de Vienne, sollicitant une entrevue avec son auguste demi-cousin germain. Or, des raisons d'ordre dynastique qui, aujourd'hui, sont heureusement écartées, existaient alors dans l'esprit de Monseigneur, et élevaient une barrière infranchissable entre lui et l'ex-reine, quelque sympathie qu'il eût cependant pour elle.

Ces considérations amenèrent Monseigneur à prendre un faux fuyant en dépêchant l'un des membres de son service d'honneur près de la Reine pour lui faire agréer ses regrets... Je fus choisi pour cette mission.

Baden étant à mi-chemin entre Wiener Neustadt et Vienne, il faut à peine une heure pour y parvenir de Frohsdorf. Dans la soirée du même jour je fus donc admis au Palais Impérial de Baden où résidait la Reine Isabelle.

Aussitôt, je vis qu'une vive contrariété se dressait en face des prétextes que je venais développer. Pourtant, avec une grande bienveillance, la Reine me dit que l'entrevue qu'elle sollicitait n'était pas seulement d'ordre familial, mais qu'elle avait à transmettre au Prince des suggestions secrètes du plus haut intérêt, ne laissant la place à aucun intermédiaire. Je ne pouvais que revenir à Frohsdorf pour y rapporter ces indications, qui, sans ébranler M. le comte de Chambord, piquèrent pourtant vivement sa curiosité.

Le lendemain matin, je reprends de nouveau le chemin de Baden et je remettais à Sa Majesté la Reine une lettre autographe de M. le comte de Chambord, confirmant ses résolutions et la priant de me faire confidence du mystère qui entourait ses vœux.

Avec une vivacité toute italienne, la Reine rejeta d'abord cette invitation, puis, petit à petit, la fermeté respectueuse de mes objections la décida, avec un soupir de regret, à m'exposer en résumé ce qui suit :

« Je suis, me dit-elle, fort liée avec Sa Majesté l'impératrice Eugénie. Dans un élan de patriotisme, l'Impératrice a songé que la France retrouverait son bonheur, sa prospérité, ses alliances, dans une fusion entre la monarchie légitime et l'empire.

» M. le comte de Chambord n'a pas d'enfant...

» Sa Majesté l'Impératrice, de même que le Prince Impérial son fils, a toujours en beaucoup de sympathie admirative pour celui qui aurait pu être aujourd'hui sur le trône de ses aïeux. Si M. le comte de Chambord adoptait le Prince Impérial, un cri d'enthousiasme s'élèverait dans toute la France et les conséquences immédiates de ce grand acte s'imposeraient ».

Si irréalisables que fussent ces désirs, M. le comte de Chambord ne pouvait que s'en montrer fort touché, et dès le lendemain je reprenais une troisième fois le chemin de Baden pour exposer à Sa Majesté la reine Isabelle que le principe que Monseigneur représentait ne l'autorisait pas à *choisir* son successeur.

Peu d'années après, en 1880, M. le comte de Chambord reçut la visite du baron Tristan Lambert, dont l'âme si noble, toute monarchique, débordait de patriotisme et le poussait vers Frohsdorf. La mort du jeune Prince Impérial qui fut massacré au Zoulouland marquait pour le dévoué serviteur de l'empire l'écroulement de ses espérances.

Le baron Tristan Lambert avait été l'ami de ce Prince d'élite qui mourut héroïquement loin de sa patrie. Il voulait, en venant s'incliner devant l'auguste représentant de la monarchie française, offrir en même temps à M. le comte

de Chambord une relique teinte du sang de
celui dont il s'honorait de porter le deuil dans
le cœur. La grandeur et la délicatesse de tels
sentiments émurent profondément Monseigneur;
aussi voulut-il garder, sur sa table de travail,
jusqu'à sa mort, le petit cadre renfermant un
morceau de l'uniforme que le Prince Impérial
portait le 1ᵉʳ juin 1879, jour de son massacre,
et la copie de la belle prière retrouvée dans le
livre de messe du Prince défunt, entièrement
écrite et inspirée par lui.

***

Beaucoup de controverses se sont élevées au
sujet des sentiments intimes de ceux qui parti-
cipèrent au grand acte de la fusion entre l'aîné
des Bourbons et la branche d'Orléans, acte consacré le 5 août 1873 à Frohsdorf. De perfides
insinuations sont venues essayer d'en diminuer
la valeur en le représentant comme une manifestation purement familiale, M. le comte de
Chambord n'ayant jamais désigné absolument
M. le comte de Paris comme son successeur. Il
est aisé de réduire à rien ces puériles critiques
en rappelant simplement que, si Henri V
n'avait pas le droit de désigner son successeur,
il ne pouvait pourtant lui être interdit de le
reconnaître ; c'est là que la loyauté des senti-

ments de M. le comte de Chambord apparaît, dans toutes les formalités qui ont précédé l'venue de M. le comte de Paris à Frohsdorf et dans la déclaration soigneusement étudiée qui était l'objet de la visite de ce Prince.

L'histoire est là pour affirmer que, jusqu'à la naissance de M. le duc de Bordeaux (29 septembre 1820), le roi Louis XVIII n'a cessé de considérer la branche d'Orléans comme devant traditionnellement succéder à la branche aînée, menacée de s'éteindre.

Les coupables erreurs de la Monarchie de juillet écartèrent nécessairement la branche aînée de la branche cadette, creusant entre elle un fossé que, trente années après, la magnanimité de M. le comte de Chambord envisageait comme pouvant et devant être comblé. En effet, de 1850 à 1871, Monseigneur s'est souvent prêté à des négociations de conciliation, négociations d'autant plus sérieuses que s'éloignait pour M. le comte de Chambord l'espérance d'avoir des enfants. Pourtant, à aucun moment, parmi les problèmes à résoudre, il n'a été question d'un marchandage sur la reconnaissance des droits de M. le comte de Paris.

M. le duc de Nemours vint à Frohsdorf en 1853 ; c'est mon oncle, le comte de Monti, qui fut envoyé au-devant de lui.

Ce prince si parfait eut avec son royal cousin une étreinte qu'aucune parole ne peut rendre.

Dans une conversation de plus d'une heure, il lui rappela que ce jour était précisément l'anniversaire de sa nomination de colonel des chasseurs du roi Charles X. M. le comte de Chambord s'empressa de rendre le lendemain, à Vienne, sa visite à M. le duc de Nemours.

L'année suivante, M. le comte de Chambord, ayant fait un voyage en Angleterre, se rendit immédiatement à Claremont, près de sa tante Marie-Amélie. L'entrevue fut attendrissante.

Cependant, après ces visites échangées, de délicates questions protocolaires restaient à régler. La princesse Marie-Amélie, fâcheusement suggestionnée, ne pouvait admettre, si pieuse qu'elle fût, que son titre de reine lui soit refusé. Or, M. le comte de Chambord, en se prêtant généreusement à effacer le passé, se refusait justement à reconnaître une usurpation en appelant la Princesse « la Reine ».

D'autre part, madame la duchesse d'Orléans, qui, du fond d'Eisenach où elle résidait, ne pouvait non plus se déshabituer de croire aux droits héréditaires directs de son fils, M. le comte de Paris, faisait obstruction à cette réconciliation, désirant se tenir à l'écart. De sorte que la démarche de M. le duc de Nemours, qui pourtant avait parlé à cœur ouvert au nom de ses frères « pour ne plus reconnaître en France d'autre royauté que celle de M. le comte de Chambord et l'appeler de tous leurs vœux », resta de longues années sans objet, l'obstinée reine des Français ayant vécu jusqu'en 1866.

Qu'il me soit permis, en souvenir du grand acte du 5 août 1873, de rendre un respectueux hommage à M. le comte de Paris, en rappelant que malgré toute sa bonne volonté il n'a pu lire jusqu'au bout la déclaration consentie. Monseigneur l'en ayant empêché en l'attirant sur son cœur.

Si simple qu'ait été ce geste dans sa spontanéité, il n'en reste pas moins le gage qui scelle une page d'histoire pleine de grandeur pour les deux augustes acteurs dont l'émotion était au comble.

Peu de temps après, la conscience si scrupuleuse de M. le comte de Chambord, éveillée par les équivoques que certains politiciens avaient intérêt à soulever, tint à couper court tout malentendu en écrivant péremptoirement les lignes suivantes à l'un de ses représentants, le comte de Rodez Benavant, député de l'Hérault :

« Quant à la réconciliation, si loyalement accomplie dans la maison de France, dites à ceux

qui cherchent à dénaturer ce grand acte que
tout ce qui s'est fait le 5 août a été bien fait
dans le but de rendre à la France son rang, et
dans les plus chers intérêts de sa prospérité, de
sa gloire et de sa grandeur. »

LE 5 AOÛT 1873

Voici quelques détails sur cette entrevue
émouvante :

M. le comte de Paris était venu seul de Vienne
où il était arrivé à 9 heures moins un quart du
matin.

Le comte Henri de Vanssay était allé l'attendre à la gare de Wiener Neustadt avec une voiture de la maison, quatre chevaux attelés en
poste.

En abordant M. le comte de Chambord, qui
attendait le Prince dans le premier salon, ayant
derrière lui le comte de Vanssay, le comte
Adheaume de Chevigne et moi, M. le comte de
Paris a prononcé mot à mot à très haute voix
la phrase qui, primitivement, avait été arrêtée
et convenue :

« Je viens vous faire une visite qui était
depuis longtemps dans mes vœux. Je viens
en mon nom et au nom de tous les membres
de ma famille vous présenter mes respectueux
hommages, non seulement comme chef de

notre maison, mais comme représentant du principe monarchique en France. Je souhaite qu'un jour vienne où la France comprenne que son salut est dans ce principe, et si jamais elle exprime la volonté de revenir à la monarchie, nulle compétition au trône ne s'élévera dans ma famille. »

Monseigneur emmena alors M. le comte de Paris dans ses appartements où ils causèrent pendant trois quarts d'heure des choses de famille avec des réflexions générales sur la situation, mais sans aborder des questions qui auraient pu les diviser. Puis est venu la présentation à Madame, celle de M. le comte de Bardi.

Le déjeuner qui suivit fut très animé. Monseigneur avait eu la délicatesse de mettre M. le comte de Paris au milieu de la table, de mettre Madame à sa droite et lui-même à sa gauche. Le comte de Vanssay en face de M. le comte de Paris (1).

Vers onze heures et demie, les Princes se séparaient, fort satisfaits l'un et l'autre d'avoir accompli un grand acte qui semblait devoir être pour la France l'aurore nouvelle de la monarchie traditionnelle.

Pendant le trajet de Frohsdorf à Wiener

____

(1) Voir pièces justificatives à la fin du volume, le menu du déjeuner du 5 août 1873.

Baron
Eugène de RAINCOURT

Comte
René de VIBRAYE
1872

Comte
Charles de LUR-SALUCES
(en uniforme de zouave pontifical)
1867

Neustadt, M. le comte de Paris dit particulièrement au comte de Vayssay qui, de nouveau.
accompagnait le Prince dans un équipage semblable à celui de l'arrivée : « Mon grand-père
a brisé l'anneau, je suis venu renouer la chaîne
de la tradition. »

A partir de la visite de M. le comte de
Paris, les relations de famille n'ont cessé d'être
régulières entre la branche aînée et la branche
cadette, comme le prouve cette photographie
d'une lettre de quêtes autographe de Madame la
comtesse de Paris adressée le 12 septembre 1873
à M. le comte de Chambord (1).

Aux visites de M. le duc de Nemours,
de M. le duc d'Alençon, succédèrent celles
du prince de Joinville et du duc de
Chartres ; puis c'est M. le comte de Paris
qui fait part en 1878 de la naissance de la Princesse Isabelle, aujourd'hui madame la duchesse
de Guise. Plus tard, la naissance de la princesse
Louise d'Orléans est encore le motif d'échange
de compliments. Enfin, en novembre 1882, M.
le comte de Chambord fit témoigner à M. le
comte et à Mme la comtesse de Paris, par l'intermédiaire du baron Tristan Lambert, devenu
l'ami et le confident des princes d'Orléans, son

---

(1) Voir pièces justificatives à la fin du volume, lettre
de Madame la Comtesse de Paris.

désir de les recevoir à Frohsdorf, accompagnés de M. le duc d'Orléans dans le courant de l'année suivante. De quel sens émouvant envers le jeune rejeton en qui la sève de l'arbre séculaire de la monarchie circule ce désir ne demeure-t-il pas chargé !

Monseigneur, soucieux des distractions qu'il pourrait offrir à ses augustes invités et de leurs goûts, se préoccupait dès lors devant son entourage, des chasses qu'il pourrait leur réserver, ayant été informé des préférences cynégétiques de madame la comtesse de Paris et de celles, toutes semblables, de M. le duc d'Orléans.

La Providence ne devait pas permettre la réalisation de si beaux, de si concluants, de si consolants projets.

Au mois de mai 1883 M. le comte de Chambord était frappé d'un mal impitoyable : ulcération à l'estomac.

M. le comte de Paris, profitant d'une accalmie qui semblait vouloir laisser place à quelques illusions de rétablissement, vint, les premiers jours de juillet, présenter l'hommage de ses vœux à l'auguste malade qui le reçut avec de cordiales effusions. Les deux princes, il m'en souvient, étaient touchés jusqu'aux larmes. De nouveau M. le comte de Chambord confiant dans sa guérison exprima à M. le comte de Paris son désir de recevoir M. le duc d'Orléans et, d'un commun accord, la visite du jeune prince fut remise au mois de septembre suivant. Hélas ! M. le comte de Chambord, après une longue et douloureuse agonie supportée avec une courageuse résignation chrétienne, succombait le 24 août.

*
* *

Les discussions qui préludèrent, à l'assemblée de Versailles, à la préparation du rétablissement de la monarchie, la visite de M. Chesnelong au Prince à Salzbourg, le 14 octobre 1873, la fatale lettre que M. le comte de Chambord crut devoir adresser à M. Chesnelong, le 27 octobre suivant, sont des pages d'histoire qui ont été souvent interprétées. On me permettra toutefois, en témoin oculaire et auriculaire, d'apporter certains détails inédits. Puissent-ils intéresser encore quelques chercheurs et curieux.

Au moment de l'entrevue du 14 octobre 1873 à Salzbourg avec M. Chesnelong, M. le comte et madame la comtesse de Chambord se trouvaient en Haute-Autriche, non loin du lac de de Gmunden, au château de Puchheim, c'est à dire très près de Salzbourg.

____

(1) Particulièrement par le marquis de Dreux-Brézé, M. Hanotaux, M. Arthur Loth.

Le comte Edouard de Monti. le comte Stanislas de Blacas et moi accompagnions seuls Monseigneur et madame à ce moment.

M. le comte et madame la comtesse de Chambord revinrent de Salzbourg directement à Puchheim. et, le surlendemain 17. nous regagnâmes tous Frohsdorf. où. peu d'heures après, arrivaient le comte Maxence de Damas, le comte et la comtesse Henri de Vanssay et le comte Robert de Mun venu en courrier.

Pendant plusieurs semaines. Monseigneur et madame ne devaient pas s'éloigner de Frohsdorf. Si la lettre historique du 27 octobre, adressée par le Prince à M. Chesnelong, a été datée de Salzbourg, ce n'était que pour donner l'impression en France que Monseigneur s'était un peu rapproché de la frontière française : le parti royaliste s'était ému de l'éloignement de son auguste représentant dans des heures aussi graves.

Dans la soirée du dimanche 26 octobre, après le salut, M. le comte de Chambord me fit appeler dans son cabinet-fumoir au premier. Monseigneur avait sur sa table, écrite de la grosse écriture de Vanssay, sur feuilles simples, séparées et numérotées, la lettre qu'il devait adresser à M. Chesnelong. Cette lettre portait de copieuses corrections faites de la main du Prince.

Aussitôt, avec un air affectueusement grave,

Monseigneur me dit : « Je crois que, comme la plupart « des autres », tu n'approuves pas les résolutions auxquelles je me suis arrêté ; mais tu sais quelle confiance j'ai en toi et je suis certain que tu m'obéiras toujours. Je viens donc te demander de partir demain dans la soirée pour Paris et de porter au marquis de Dreux-Brézé la lettre autographe que je vais préparer. Brézé la remettra à M. Chesnelong. Tu iras ensuite porter cette copie (en me désignant le document de l'écriture de Vanssay) aux bureaux de *l'Union*, pour qu'elle y soit publiée dès le soir du jour de ton arrivée à Paris, c'est-à-dire le mercredi 29. »

Aussitôt Monseigneur se mit à lire tout haut le document qui devait m'être confié et dont je connaissais déjà la teneur par mes chefs hiérarchiques, le comte Stanislas de Blacas, mon oncle Edouard de Monti et le comte de Vanssay.

Pendant que Monseigneur lisait de sa voix forte et harmonieuse les lignes qui consommaient le suicide de la monarchie, j'observais l'expression de douloureuse résolution dont la superbe tête du Prince était empreinte, me demandant en même temps quelle devait être mon attitude.

Pour prolonger le moins possible une situation horriblement pénible, à peine Monseigneur

eut-il terminé la lecture de cette lettre, que je
dis au Prince : « Je ne suis ici que pour obéir
aux ordres de mon Roi, toutefois je supplie
Monseigneur, pour dégager ma responsabilité,
de me donner un ordre écrit de sa main de **faire
publier ce document.** » Le Prince réfléchit **un**
instant, me pénétrant de ce regard que je n'ai
connu qu'à lui, puis, se levant, il me dit : « **Tu
as raison, mon fils, je te donnerai ce que tu dé-
sires, va, je te remercie.** »

En quittant le Prince, je fus immédiatement
rendre compte à mes chefs de ce qui venait de
se passer. Ils n'en furent pas surpris, louèrent
mon attitude, et, tout en considérant que
toute résistance à de telles instructions était impossible, et d'ailleurs inutile, ils étudièrent le
moyen de gagner un peu de temps en retardant
la date où cette lettre devait être publiée. Ces
trois messieurs pensaient que le courrier qui
était attendu par eux le lendemain soir, joint
à l'union de leurs nouveaux efforts personnels,
pourrait peut-être épargner au Prince la faute où
des influences occultes l'entraînement.

Voici à quel subterfuge ces messieurs et moi
nous nous arrêtâmes : subterfuge qui témoigne
éloquemment de l'état d'esprit de « l'entourage »
de Froshdorf tant critiqué de ceux qui ne furent
pas acteurs.

A cette époque lointaine, le rapide de Vienne à Paris mettait trente-six heures. Il y avait deux rapides par jour, partant de Vienne, l'un le matin vers 11 heures, l'autre le soir vers 6 h. 3o. C'est ce dernier train qui m'avait été désigné pour le lendemain. Or, pour correspondre de Frohsdorf à Vienne, avec ce rapide, il fallait gagner Wiener-Neustadt en voiture, prendre l'express venant d'Italie qui arrivait à la gare du sud (Südbahnhof) vers 5 heures 4o du soir, sauter dans un fiacre, traverser tout Vienne, et gagner la gare de l'Ouest (Westbahnhof) distante de la gare du Sud de 25 minutes de voiture.

Il fut convenu que j'adresserais de Vienne, vers 6 heures 4o du soir, au comte de Blacas, chef de service à Frohsdorf ce mois-là, la dépêche ci-après : « Par suite retard de l'express d'Italie, ai manqué correspondance. Que faire ? Réponse Kaiserin Elisabeth. »

Le lundi après le déjeuner j'allai, comme chaque jour, avec mes deux chefs et le comte de Vanssay au fumoir du Prince qui, les affaires du jour étant liquidées, me remit deux plis cachetés : l'un adressé au marquis de Dreux-Brézé, à Paris ; l'autre au directeur du journal l'*Union*. Il me remit également une troisième enveloppe à mon nom, laquelle n'était pas fer-

mée, et m'invita à prendre connaissance du contenu :

« C'est par mon ordre formel que le comte
René de Monti fait publier dans l'*Union*, mercredi 29. la lettre que j'adresse à M. Chesnelong,
député des Basses-Pyrénées.

» 27 octobre 1873.

» HENRI ».

L'autographe de cette lettre est dans mes archives.

Bientôt j'étais en voiture. Je ne m'écartai pas
à Vienne du plan adopté. J'allai dîner tout près
de l'hôtel dans un des restaurants peu à la mode
sur le Kohlmarkt, espérant n'y rencontrer personne de connaissance, et je tombai précisément sur deux excellents amis, ceux que je
tenais le plus à éviter, le prince Ghislain de Berghes, attaché militaire, et Martin du Nord, secrétaire d'ambassade, tous deux représentant la
France à Vienne.

Ils m'accablèrent naturellement de questions,
voyant la monarchie faite, ne sachant pourtant
comment interpréter ma réserve et ma mine
soucieuse. Je prétextai la migraine pour me sé-
parer d'eux après un dîner rapide. Je passai une
soirée morose dans cet hôtel de la Kaiserin Eli-

sabeth du vieux Vienne, donnant dans l'étroite et triste Weihburggasse.

Le lendemain, mardi 28, vers 10 heures du matin, un télégramme m'était remis, je le décachetai fièvreusement, il était ainsi conçu : « *Continuez voyage, même mission, amitiés attristées, Stanislas* » (Stanislas était le prénom du comte de Blacas).

Une heure après, je faisais route vers Paris où j'arrivais le mercredi 29 au soir. Malgré l'heure tardive, j'étais attendu chez le marquis de Dreux-Brézé, chef du bureau politique à Paris de M. le comte de Chambord, 9, place du Palais-Bourbon ; je lui avais télégraphié d'Avricourt.

La résignation de cet homme si droit, si excellent, dépassait de beaucoup la mienne.

J'allai ensuite surprendre le cher et illustre général de Charette, qui habitait à ce moment chez sa belle-mère, la duchesse de Fitz-James, avenue Montaigne, et auquel j'étais uni par tant de chers liens.

Je passai une partie de la nuit à disserter avec lui, et l'autre sur le canapé dans son bureau.

Informé que nous étions par cette lettre alors inconnue (je devais la remettre dans la matinée aux bureaux du journal l'*Union*), nous eussions pu, Charette et moi, faire une fortune assurée, car il était aisé de comprendre quelle impression la Bourse allait éprouver du renversement d'espérances qu'elle avait escomptées déjà par une très forte hausse. En effet, le lendemain de la publication de ce document, la rente française baissait de 2 francs.

Athanase de Charette vint avec moi jusqu'à la rue de la Vrillière ou l'*Union* (alors journal officiel du Prince) avait son siège. Le soir même la lettre à M. Chesnelong y était publiée, naturellement vingt-quatre heures en retard des ordres écrits que j'avais sollicités.

Aucun effort n'avait été capable de briser l'influence du parti qui avait son représentant à Frohsdorf dans la personne du Père Bole. Celui-ci y était venu accidentellement de Feldkirchen pour suivre l'éducation de M. le comte de Bardi, neveu de Monseigneur, et y était resté, bien qu'il fût médiocre comme intelligence, et commun en toutes choses ; il avait su, à force d'intrigues appuyé par Joseph du Bourg, capter rapidement la confiance absolue de madame la comtesse de Chambord et devenir le confesseur du couple royal.

Le père Bole rendait compte de son propre aveu heure par heure « *à sa Maison* », à Rome, de tout ce qui se passait à Frohsdorf. C'était des volumes qu'il remettait mystérieusement chaque soir à l'homme qui portait le courrier à Wiener-Neustadt, guettant son passage sous le porche du château. Chaque jour il conférait avec Madame, qui n'avait aucun secret pour lui, et dont la maladresse obstinée à toujours égalé sa parfaite loyauté d'intentions. La violence politique du père Bole s'appuyait sur une intransigeance insensée.

Après la mort du prince, Madame, possédant Frohsdorf avec son contenu, laissa les mains libres au père Bole pour disposer des précieuses archives qui y reposaient... Aussi lorsque, quelques années plus tard, en 1912, Madame et le père Bole disparus, M. François Laurencie, autorisé par M. le prince don Jaime duc de Madrid, petit-neveu et après son père héritier de Madame, vint faire des recherches historiques au château, il n'y trouva plus dans les archives que des miettes insignifiantes du passé.

Si différente de son auguste mari que fût, comme intelligence, madame la comtesse de Chambord, elle n'avait pas moins sur celui-ci un empire considérable, qu'elle tenait à exercer dans toutes les choses importantes. Aussi elle s'accrocha au Prince dès que l'entrevue de Salzbourg fut décidée, craignant que loin de son influence celui-ci ne se laissât fléchir. Nous tous

connaissions si bien ces tendances et les redou-
tions tant, que, quand nous vîmes Madame
s'immiscer dans ce court voyage de Puchheim
à Salébourg, où rien en apparence ne légitimait
sa présence, nous eûmes le sentiment des inu-
tiles efforts de la mission Chesnelong.

Il y eut pourtant à Salzbourg, le 4 octobre,
une scène plus qu'émouvante. MM. Lucien Brun,
de Carayon-Latour et Casanove de Pradines, qui
avaient cru devoir appuyer de leur grande autorité d'hommes politiques et d'amis très intimes
du Prince M. Chesnelong dans sa mission, con-
jurèrent Monseigneur de résoudre comme il
importait la question du drapeau. Casanove,
glorieux mutilé de Patay, dans un élan dramati-
que, se jeta en pleurant aux pieds du Prince,
qui, écartant tous ses amis si dévoués et si excellents, les congédia sans rien leur promettre et
rentra dans les appartements de Madame pour
échapper à des sollicitations dont il semblait
ému.

Ces notes rapides dégageront peut-être dans
l'histoire la responsabilité des éléments principaux de l'entourage de M. le comte de Chambord, accusés bien faussement d'intransigeance
sauf Maurice d'Andigné et Joseph du Bourg,
ces serviteurs eurent le courage de supporter en
silence des reproches bien immérités.

Comme en témoigne la lettre ci-après que j'extrais de nos archives de famille, en rappelant que le 1er juillet 1873 M. le comte de Chambord, qui séjournait à Bruges, à l'hôtel des Flandres, pour attendre les événements, quittait secrètement cette ville, accompagné du comte Edouard de Monti, du comte Stanislas de Blacas, du comte H. de Vanssay, du comte René de Monti et du comte Adhéaume de Chevigné. Monseigneur s'arrêtait la journée du 2 à Paris, se rendant de là à Chambord pour y lancer le manifeste du 5 juillet, dont la grandeur ne saurait, hélas ! effacer l'inopportunité.

Le Prince passait à Chambord, où il entrait pour la première et dernière fois, les journées du 3, 4, 5 et 6. Dans la nuit du 6 au 7, il quittait Chambord, traversait Paris en voiture, de la gare d'Austerlitz à la gare du Nord, toujours avec sa suite, sans être reconnu, et rentrait à Bruges le 7 au soir.

Au moment même où les journaux de Paris publiaient le 5 juillet au soir l'impolitique manifeste, Monseigneur recevait à Chambord une députation composée du comte Armand de Maillé, du duc de Bisaccia, du vicomte de Gontant-Biron, de B. de Mause, de l'évêque Dupanloup, de M. de Cazenave, de M. Laurentie. Cette députation venait précisément solliciter le Prince d'abandonner son projet. Elle se brisait devant son intransigeance.

C'est ainsi que le comte Edouard de Monti écrivait à sa femme (née de Faverney) la lettre suivante :

Copie d'une lettre du comte Edouard de Monti de Rezé, relatant un voyage à Paris, en juillet 1871, avec M. le comte de Chambord, adressée à sa femme, née de Faverney :

***

Bruges, samedi 8 juillet 1871.

Ma bien chère Femme,

Me voici de nouveau dans ma triste chambre de l'hôtel de Flandre. Nous sommes arrivés hier au soir, à 8 heures, bien fatigués tous. Nous avions quitté Chambord à minuit, traversé Paris à 5 heures du matin et voyagé par une chaleur horrible. Grâce à nos précautions, rien de fâcheux ne nous est arrivé. Nous avions un wagon entier et nous n'avons été reconnus nulle part, pas même à la frontière où s'exerce cependant une grande surveillance. Enfin, le voyage est fait ! Maintenant, ma chère Femme, que va produire le manifeste ? Voilà mon secret, voilà l'explication de mes craintes et de mes tristesses.

Au fond, il exprime tout ce que je ressens, tout
ce que je pense. Mais je redoutais (et je redoute
encore) l'effet de cette si loyale déclaration dans
un pareil moment. Je la jugeais inopportune et
j'ai supplié vingt fois de ne pas la faire paraître;
toute a été inutile. Monseigneur a résisté à tous
ses amis, avec un calme qui m'a surpris. Il a
voulu dire en France : « Voilà ce que je suis,
» voilà ce que je veux, voilà tout le fond de
» mon cœur. Je ne veux pas vous tromper ; pre-
» nez-moi comme cela ou bien marchez aux
» abîmes. »

Cette importante pièce va être jugée bien di-
versement. Nos ennemis vont crier : « A l'ancien régime » et nos amis les politiques, sans
convictions bien arrêtées, ceux qui ménagent la
chèvre et le chou, vont dire que c'est un suicide coupable et stupide. Monseigneur, toujours
calme, croit avoir rempli son devoir envers
Dieu, envers la France, envers lui-même. Il a
tenu à publier ce manifeste de Chambord.

Le Comte de Paris a demandé à être reçu
vendredi 3o juin, veille de notre départ pour
la France. On a répondu en priant de différer la
visite jusqu'après l'apparition d'un manifeste
que M. le comte de Chambord voulait adresser
à son pays tout entier, qu'on en prévenait Son
Altesse Royale pour ne pas sortir de la voie loyale

dont on ne s'est jamais départi, mais qu'on espérait que rien dans ce manifeste n'empêcherait 'e comte de Paris de venir voir M. le comte de Chambord à Ostende, où nous serions du 9 au 16.

Partis pour la France dans la nuit de samedi à dimanche (du 1er au 2 juillet), sans en avoir prévenu âme qui vive, excepté les personnes qui devaient nous aider, nous sommes arrivés à Paris à 6 heures du matin (dimanche 2) ; là une voiture, retenue par ordre, nous attendait. Nous nous sommes séparés et je me suis rendu seul avec Monseigneur à l'église de St-Laurent, où nous avons entendu la messe au milieu des fidèles. Après l'office, nous sommes remontés dans notre voiture fermée et nous nous sommes rendus à Notre-Dame. Monseigneur est descendu, il est entré dans l'église avec moi, s'est agenouillé dans l'ombre d'un pilier et a prié Dieu pour cette France si ingrate envers sa royale famille et envers lui ! Lorsqu'il s'est relevé, j'ai aperçu deux grosses larmes dans ses yeux.

Nous avons repris notre promenade à travers les ruines (1), sans en oublier une seule, nous arrêtant, sans descendre de voiture, mais examinant tout, voyant tout le mal produit par l'af-

____

(1) Paris incendié par la Commune.

La comtesse d'Issoudun
Princesse
de FAUCIGNY-LUCINGE

Son Altesse Royale
Mademoiselle d'ARTOIS
Duchesse de Parme

La comtesse de Vierzon
Baronne de CHARETTE

freux incendie. M. le comte de Chambord qui n'avait pas revu Paris depuis 1830 (41 ans !) avait le cœur navré, brisé. Cette promenade dans les décombres l'a fait beaucoup souffrir.

Parvenus dans la rue de Rivoli, au coin du Pavillon Marsan du Château des Tuileries, j'ai fait arrêter notre véhicule et Monseigneur a pu voir tout à son aise l'endroit où il logeait ; il a tout reconnu, absolument tout. « Voilà, m'a-t-il dit, les deux fenêtres de ma chambre, voilà l'appartement où je suis né, voilà la fenêtre au bas de laquelle se trouvaient mes jeux : une tente de campement, des tambours, de grands soldats de plomb, voilà la fenêtre du cabinet où mes professeurs me donnaient des leçons, voilà l'appartement de ma mère, le salon, la salle à manger. » Puis jetant ses regards sur la façade du palais en ruines : « Voilà où logeait le Roi, mon grand-père... Tenez, mon vieil ami, allons-nous en... j'en souffre trop, en regardant ces poutres calcinées, ces murs debouts, mais noircis par l'incendie, allons-nous en. »

Te dire, ma chère femme, ce que je ressentais moi-même, en l'écoutant parler, m'est impossible. Ces choses-là, ces émotions-là s'éprouvent, mais ne se racontent pas.

Nous avons tout vu, Champs-Elysées, Porte-Maillot, place Vendôme, tout, absolument tout.

Notre promenade a duré cinq heures et demie, puis, nous avons été nous renfermer chez quelqu'un qui nous attendait, je te dirai tout cela plus tard.

En nous séparant de notre cocher, qui ne savait point qui il conduisait, je lui ai donné quarante francs de bonne-main, en lui demandant son numéro, que je conserve. Il avait été très aimable pendant notre excursion, nous avait parfaitement raconté les horreurs du siège et de l'incendie, appuyant surtout sur ses souffrances à lui, qui avait perdu deux chevaux, mangés par les soldats du temps des Prussiens). Nos quarante francs lui ont paru splendides, aussi a-t-il frappé tout bonnement sur l'épaule de Monseigneur en lui disant avec une grande sincérité : « Saprebleu ! Vous m'avez l'air d'un brave homme. Merci, merci... tenez, voilà mon numéro... si vous avez besoin de moi, je suis à votre service... Bonjour, que le Bon Dieu vous protège ! »

Pauvre diable ! sera-t-il heureux, si Henri V règne jamais, sera-t-il heureux lorsqu'il apprendra le nom de l'homme à qui il a montré les incendies de Paris (dans la matinée du 2 juillet 1871). Ce jour-là, sa fortune sera faite.

Le soir, à 11 heures, nous sommes partis pour

Chambord, nous arrêtant à Blois où nous attendait une voiture, à 3 h. $\frac{1}{2}$ du matin.

Je continuerai ces intéressants détails dans une autre lettre. A moins d'événements tout à fait imprévus, je compte partir du 16 au 20. Ecris-moi toujours à Bruges.

Je vous embrasse tous trois du fond de mon cœur.

EDOUARD.

Et pourtant M. le comte de Chambord, si pieux qu'il fût, n'était pas clérical dans l'ordre gouvernemental. Singulière opposition entre ses sentiments et les suggestions qu'il a subies.

Il redoutait les empiètements de l'Eglise et du clergé. Il voulait que chacun gardât son rang. A cet effet, il n'a jamais consenti à donner du Monseigneur à un évêque. Il disait et écrivait comme tous ses prédécesseurs « monsieur l'Evêque ». Nous avions des instructions pour n'appeler jamais verbalement ou par écrit un prélat que « Monsieur ». tout comme le président de la République française, M. Doumergue, le fait aujourd'hui, par exemple, vis-à-vis de l'archevêque de Paris. Volontiers le Prince faisait allusion aux faiblesses du roi Charles X, peu après son avènement au trône, en face des emprises cléricales ; et comme cet esprit gaulois. que j'ai déjà signalé, était par atavisme le fond de son caractère, il écartait souvent un grand nombre des quêtes religieuses qui affluaient en disant : « Sacrée carotte, carotte sacrée ».

Le 29 mars 1857, M. le comte de Chambord écrivait à M. de Cherrier, membre de l'Académie des inscriptions et belles-lettres :

« Nul doute que je ne sois disposé à laisser à l'Eglise la liberté qui lui appartient et qui lui est nécessaire pour le gouvernement et l'administration des choses spirituelles, et à m'entendre constamment pour cela avec le Saint-Père ; mais de leur côté, les évêques et tous les membres du clergé ne sauraient éviter avec trop de soin de mêler la politique à l'exercice de leur ministère sacré et de s'immiscer dans les affaires qui sont du ressort de l'autorité temporelle, ce qui n'est pas moins contraire à la dignité et aux intérêts de la religion elle-même qu'au bien de l'Etat ».

Cette doctrine chez M. le comte de Chambord n'avait jamais changé.

**

Sans doute, en 1873, date si tragiquement historique pour la France, le Prince a cru mettre sa conscience à l'abri, alors qu'une fois de plus des influences souterraines (les mêmes que rencontrent aujourd'hui nos aspirations monarchiques) obscurcissaient ses vues et l'incitaient à se laisser glisser vers la douce vie capitonnée de la Cour de Frohsdorf, consacrée par tant d'années d'indépendance seigneuriale, plus souriante pour lui que la pourpre du manteau royal, dans les plis duquel on l'a, si lamentablement pour la religion et pour notre chère patrie, empêché de mourir.

Et c'est ainsi que les élans de bonne volonté de « l'Enfant du Miracle » ont été sans cesse retenus captifs des servitudes de l'air d'exil, malgré les efforts de ses plus dévoués partisans.

A ce Prince doué d'éminentes qualités, il a manqué l'ambition et la hardiesse, conditions essentielles à un prétendant.

Si cruelle, si ingrate qu'ait été la France envers les siens, Monseigneur le comte de Chambord n'en restait pas moins le premier des Français, et à ce titre il eût pu lui paraître magnanime de faire abstraction de préférences qui ne touchaient en rien à son principe, pour offrir au pays une transaction sauvegardant l'honneur de sa Maison et son patriotisme.

Certes il n'est personne qui ne puisse s'incliner avec admiration et respect devant les grandeurs historiques du drapeau blanc qui, depuis le roi Henri IV jusqu'au roi Charles X, fut constamment celui de la monarchie française. Il a flotté dans les mains de Jeanne d'Arc, il a flotté sur Paris quand le Béarnais y fit son entrée en 1594, il a flotté victorieux en 1830 sur la Kasbah d'Alger.

Mais précédemment, sous les dynasties des Capétiens et des Valois, la bannière du Roi de France fut sans cesse modifiée. La plus ancienne mention de cette bannière date de Philippe-Auguste. Elle apparut pour la première fois en 1191 au siège de Ptolemais. Elle était bleu d'azur semée de fleurs de lis d'or.

Louis VIII (1223-1226), offre le premier type armorial de l'écu semé de fleurs de lis. Ces trois fleurs de lis en honneur de la Sainte-Trinité.

L'oriflamme de Saint-Denis que les vieux chroniqueurs s'accordent à décrire comme un étendard de satin rouge uni avec plusieurs queues ornées de houpes de soie verte, fut emportée par le Roi Saint-Louis (1226-1270) à la croisade.

Une miniature de la Vie de Saint-Louis par Joinville nous donne la première représentation authentique de la bannière de France bleue, semée de fleurs de lis d'or.

Du Roi Charles VII au Roi François Ier, le pavillon national état le drapeau bleu fleurdelisé, chargé d'une croix blanche, continué par la garde française.

Enfin de François Ier à Henri IV, ce drapeau naltional fut mi-partie bleu, mi-partie blanc, semé de fleurs de lis.

Particularité curieuse : les Etats de Hollande, victorieuse de l'Espagne, envoyèrent à Henri IV pour les remercier de ses bons offices des députés qui demandèrent au souverain de la France de composer le drapeau de la nation affranchie. En gage d'amitié le Roi leur donna ses propres couleurs : le blanc qui est commandement, le bleu qui est la France et le rouge qui est Navarre. Tel fut le premier drapeau tricolore.

Sous Louis XIV, Colbert avait arrêté que dans la marine militaire il y aurait l'escadre bleue, l'escadre rouge et l'escadre blanche, tandis que la marine marchande portait le pavillon bleu orné de la croix blanche.

Les conseils ecclésiastiques du Prince étaient d'autant moins fondés à faire prévaloir leur intransigeance que le drapeau pontifical fut également lui-même modifié à travers les âges : au ixe siècle c'est une oriflamme bleue parsemée d'ornements d'or. Du xve au xviiie siècle cette oriflamme devient rouge, portant la tiare et les clefs, parfois même les têtes des apôtres Pierre et Paul, tandis que la marine de guerre pontificale a le drapeau blanc avec les mêmes attributs que ci-dessus.

C'est en 1815 seulement, que le drapeau du Souverain Pontife devient jaune et blanc, ces couleurs disposées horizontalement, telles qu'elles le sont aujourd'hui.

DERNIERS SOUVENIRS DE FROHSDORF

par

LA COMTESSE RENÉ DE MONTI DE REZÉ

Dame d'Honneur de Madame la Comtesse de Chambord

Journal quotidien sur la maladie, l'agonie, les obsèques de Monsieur le Comte de Chambord.

Du 19 Juin au 13 Septembre 1883.

PRÉFACE

C'est pour toi, mon Henri, (1) que j'écris ces lignes ; elles te parleront d'abord du grand Roi qui voulut bien être ton parrain ; elles te montreront avec quels admirables sentiments mourut Celui qui sut imposer le respect même à ses ennemis enfin dans ces lignes, tu trouveras les noms de ton père et de ta mère mêlés à tous ces douloureux événements : l'un et l'autre ont eu l'insigne honneur d'assister le dernier des Bourbons jusqu'à sa mort. Après quinze années de dévouement complet au principe de la légitimité et à celui qui en était le représentant, ce fut pour ton père une suprême consolation que d'être près de ce lit de douleur, et seule femme française représentant la patrie ingrate, je ne ressentis pas moins vivement ses émotions.

Ces notes ont été prises par moi, jour par jour, heure par heure ; car dès notre arrivée à Frohsdorf, nous sentîmes que l'heure de Dieu était

(1) Fils de la comtesse de Monti, alors âgé d'un an et demi.

*proche : heure de châtiment pour la France,
heure de paix suprême pour le Roi.*

*Le 25 juin 1883, lorsque nous partîmes pour
Paris, nous croyions Monseigneur complètement
rétabli de l'accident qui lui était survenu le 25
mars et tout nous faisait croire que sa belle et
vigoureuse santé était revenue (Monseigneur en
montant en voiture à Goritz avait ressenti une
violente douleur à la jambe que le médecin attri-
bua à un coup de fouet, mais qui n'était autre
qu'une phlébite).*

*A Paris seulement, nous sûmes les premières
nouvelles alarmantes et le 30 au soir, nous arri-
vâmes à Klein-Wollersdof mortellement inquiets.
Là commence alors ce journal et pour mieux
enchaîner les événements, j'en ai copié la première partie sur le livre quotidien de Frohsdorf
qui était fait à ce moment là par le Comte Maurice d'Andigné.*

*Ce n'est pas une étude historique que je veux
faire ; je n'entrerai ni dans des considérations
sur la politique et le caractère de Monseigneur
ni dans les appréciations différentes que la presse
fit sur les conséquences de la mort d'Henri V.
C'est un simple journal de la vie que nous avons
menée chaque jour pendant deux mois avec nos
craintes et nos espérances, et le récit exact des
faits qui se sont passés sous nos yeux et qui plus*

tard devaient avoir sur la France, de si grandes conséquences.

En lisant ces pages, mon cher enfant, tu y verras avec quelle bonté toute particulière le Roi traitait ton père ; il l'aimait comme un fils et pendant tout le cours de sa maladie, il aurait voulu le garder plus souvent près de lui, mais des raisons d'étiquettes l'en empêchèrent souvent, Monseigneur craignant de manifester une préférence qui eût pu être froissante pour les autres gentilshommes de service. Jamais homme ou souverain ne fut servi avec autant de cœur, d'affection, d'abnégation, de dévouement absolu que ce Prince si séduisant.

Noblesse oblige, tradition et souvenirs imposent également ; c'est donc à ton cœur et à ta foi royaliste que je confie ces lignes, mon Henri ; elles te montreront un exemple à suivre.

Comtesse René DE MONTI DE REZÉ.

La Bretonnière, décembre 1883.

DÉBUTS DE LA MALADIE DE MONSIEUR LE COMTE DE CHAMBORD

(Copiés sur le Cahier de Froshdorf).

---

19 juin 1883

Monseigneur qui depuis son retour de Goritz maigrissait beaucoup et qui depuis quelques jours éprouvait une vive répugnance pour les aliments, s'étant trouvé plus souffrant dans la nuit, fait venir le docteur Mayr, de Neustadt, lequel constate un catarrhe intestinal et à dater de ce jour vient tous les matins.

Monseigneur commence à prendre ses repas dans son appartement, mais continue encore à venir au salon.

*
* *

25 juin

Monseigneur dit, en s'en réjouissant, après déjeuner que le docteur Mayr lui a annoncé qu'il ne reviendrait que le surlendemain. Cependant, Monseigneur se plaint de douleurs plus vives et presque continues à l'estomac. Les traits de son visage, excellents jusqu'à ce jour, semblent altérés. Le soir, Monseigneur cesse de venir au salon.

*
* *

26 juin

Pour la première fois, Monseigneur est pris de vomissements pendant la nuit. Avec l'assentiment de Madame, Ferdinand Obry (1er valet de chambre) va à Neustadt prévenir le docteur Mayr et lui demande de venir le lendemain avec le docteur de Vienne.

Dans la soirée, le docteur, inquiet de la tournure que prend la maladie, vient à Frohsdorf savoir des nouvelles de Monseigneur, fait part de ses craintes très sérieuses qu'il a relativement à l'existence possible d'un cancer ou d'une tumeur quelconque, et annonce qu'il viendra le lendemain avec le professeur Drasch, spécialiste pour l'estomac et médecin de l'Archiduc Albert.

*
* *

27 juin

Monseigneur cesse de faire sa promenade quotidienne du matin en voiture. A 11 heures, a lieu la consultation des docteurs Drasch et Mayr qui se montrent très inquiets et semblent admettre la probabilité de l'existence d'une tumeur.

A 4 heures du soir, Monseigneur fait avec Madame sa dernière promenade en voiture. Son estomac refuse dès lors toute nourriture.

*
* *

28 juin

Monseigneur cesse de venir à la messe. Le docteur Mayr vient seul. Les vomissements persistent, les forces diminuent et la maladie s'aggrave.

*
* *

29 juin

La nuit ayant été mauvaise, le comte Adhéaume de Chevigné et le comte Maurice d'Andigné décident que Louis Obry partira le soir même pour Paris avec un exposé détaillé de la situation grave de Monseigneur. Depuis plusieurs jours déjà M. le Marquis de Dreux-Brézé était du reste au courant de la maladie de Monseigneur). Il est décidé, en outre, que M. Huet partira à midi pour Vienne avec mission de convoquer en consultation, pour le soir même, les docteurs

Comtesse
Emma de CHABANNES

Comtesse
Caroline de CHOISEUL

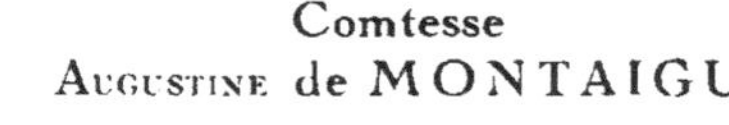

Comtesse
Augustine de MONTAIGU

Drasch et Mayr, auxquels on adjoindra le célèbre chirurgien Billroth.

A 8 heures du soir, consultation de ces Messieurs qui constatent que Monseigneur est atteint d'une maladie impliquant un danger de mort et se prononcent pour la probabilité d'un cancer à l'estomac.

*
* *

1ᵉʳ juillet

Louis Obry arrive le matin à Paris et le soir l'*Union* publie une note annonçant la maladie de Monseigneur. Dans la matinée, le comte Adhéaume de Chevigné télégraphie au Marquis de Dreux-Brézé l'inquiétante consultation de la veille au soir et le désir de l'entourage de voir provoquer des prières publiques. Il annonce en même temps son départ pour la France le soir même.

Le Baron de Raincourt prend la direction du service à la place du comte Adhéaume de Chevigné.

SUITE DE LA MALADIE DE MONSEIGNEUR
D'APRÈS MES NOTES PARTICULIÈRES

Dimanche 1er juillet

A 5 heures du soir, nous arrivions à la gare de Klein Wolhersdof ; là nous trouvâmes le comte Maurice d'Andigné venu au-devant de nous pour nous prévenir de l'état de Monseigneur. Quelle ne fut pas notre consternation et notre douleur ! Nous étions inquiets certainement à notre départ de Paris, mais pendant 36 heures de route, nous étions restés sans nouvelles et nous voulions espérer encore que le mal pourrait être enrayé. De cet espoir, nous passions brusquement à la plus poignante des inquiétudes. Combien différente pour nous était cette arrivée de celles des années précédentes. Tout était fête pour ces messieurs, chaque fois qu'ils revenaient prendre leur service. Frohsdorf était pour eux la demeure du Roi, mais aussi la maison paternelle et maintenant sur cette maison s'étendait un voile de tristesse... tout semblait dire : le Roi se meurt, et devant nos yeux. en l'espace de quelques instants, nous vîmes le tableau de cette grande figure qui disparaissait, des conséquences politiques qui allaient surgir et en même temps de la responsabilité morale que nous assumions sur nos têtes, nous, les seuls représentants de la France monarchique, veillant au décès de l'aîné des Bourbons.

A ce moment, la maison de Monseigneur était composée du Baron de Raincourt, de nous et du comte Maurice d'Andigné ; comme toujours, le secrétariat de Frohsdorf était occupé par MM. Huet et Frémont. Nous prîmes l'appartement n°ˢ 6 et 7, du second étage, ayant vue sur la cour d'arrivée et le parc ; nous avions avec nous ma femme de chambre Louise Blanchard.

Le soir même de notre arrivée, on agita la question de l'Extrême Onction, Monseigneur la demandait : les souffrances étaient telles qu'il craignait de mourir sans le secours de la religion, cependant, la nuit fut calme, on y renonça et Monseigneur fit seulement ses dévotions le lendemain matin.

Malgré une crise de souffrances atroces, Monseigneur voulut recevoir le soir même le comte René de Monti. Ce dernier fut vivement impressionné par cette entrevue. L'auguste malade avait tous les traits d'un moribond, et dès ce moment, le comte René de Monti perdit tout espoir.

*
* *

Lundi 2 juillet

La nuit et la journée sont un peu plus calmes pour l'auguste malade, néanmoins, les mêmes symptômes existent. Monseigneur ne peut rien prendre. On le sort dans son jardin pendant une heure. Madame s'inquiète sans voir cependant encore complètement l'état de son Auguste époux. Monseigneur reçoit le Baron de Raincourt.

Les premières dépêches de France arrivent.

*
* *

Mardi 3 juillet

La nuit est mauvaise, la journée moins bonne que la précédente. Monseigneur ne peut rien avaler sans éprouver aussitôt des hauts de cœur et des douleurs atroces à l'estomac. Il reçoit cependant les trois gentilshommes de service après le déjeuner. Il s'intéresse à ce qui se passe dans le monde, il cherche à savoir ce que l'on pense de lui, mais après trois-quarts d'heure d'entretien, il est obligé de congédier ces

Messieurs. On le sort dans le jardin sur un lit de camp et néanmoins, il se trouve fatigué par le grand air. Il demande de nouveau les derniers sacrements, mais le Père Boll (jésuite confesseur de Monseigneur) refuse en disant qu'il ne peut les donner sans une déclaration des médecins d'un danger immédiat.

Madame commence à voir l'état grave de Monseigneur, l'entourage est atterré, il se demande de quelle conduite tenir. Madame commande et ne veut voir ou recevoir aucune personne étrangère. Cependant les dépêches de France arrivent en abondance ; les Princes de Parme, le Roi de Naples sollicitent la permission de venir à Frohsdorf. Madame leur répond ou leur fait répondre que l'état de Monseigneur exige un repos absolu et qu'elle les remercie. La comtesse de Paris adresse un télégramme à Madame qui prévoit que les Princes d'Orléans vont aussi demander à être reçus, mais elle déclare qu'elle ne les recevra pas.

L'entourage est effrayé de la responsabilité qui lui incombe, mais il est décidé à faire scrupuleusement son devoir ; il bravera plutôt l'opposition de Madame pour dire la vérité à Monseigneur et ne rien cacher aussi à la France.

Les reporters du *Figaro*, du *Gaulois*, du *Clairon*, viennent deux fois par jour, le comte

Maurice d'Andigné les reçoit ; il apprend par eux que le comte de Paris, le duc de Nemours, le Duc d'Alençon, arrivent en effet à Vienne. L'entourage, très anxieux sur la ligne de conduite à suivre, croit qu'il faut attendre à avoir reçu une demande directe des Princes pour en parler à Madame.

*
* *

Mercredi 4 juillet

La nuit est mauvaise, l'état s'aggrave, le médecin déclare à Madame que Monseigneur peut expirer dans une crise de vomissement. Madame est d'un courage admirable, elle vient au déjeuner malgré sa grande douleur ; elle attend tout du ciel ; sa foi lui donne une force surhumaine.

Monseigneur ne sort pas, il souffre beaucoup, on décide qu'il recevra l'Extrême Onction le lendemain matin. Monseigneur règle lui-même le cérémonial et fait ses recommandations à son premier valet de chambre Ferdinand Obry.

La journée se passe dans les mêmes conditions que la matinée.

Ces messieurs ne peuvent suffire à lire les nombreuses dépêches qui arrivent à Frohsdorf et au plus grand nombre desquelles il faut répondre.

Dans la journée le comte Bernard d'Harcourt vient, envoyé par M. le Comte de Paris : le baron de Raincourt le remercie au nom de Madame, mais dit : « que Monseigneur est trop souf-frant pour que les Princes puissent espérer être reçus, que la moindre émotion peut avoir les conséquences les plus graves, et que Madame elle-même très fatiguée ne quitte pas Monseigneur et ne pourra pas recevoir leurs Altesses Royales ». Le comte Bernard d'Harcourt répond de suite : « les Princes comprennent très bien qu'il ne peuvent voir M. le comte de Chambord, mais ils pensaient trouver à Frohsdorf un prince de Parme et s'entretenir avec lui. Ils attendront à Vienne avec anxiété de meilleures nouvelles de Monseigneur. « Le baron de Rain-court promet d'en envoyer le lendemain ».

Aussitôt après le baron de Raincourt instruit Madame de la présence des Princes d'Orléans a Vienne et lui raconte son entretien avec le comte Bernard d'Harcourt. Madame approuve ce qui a été fait, mais pense avec effroi qu'il sera impos-sible de dissimuler cette démarche à Monsei-gneur, toutefois l'état si grave de l'Auguste ma-lade force Madame à repousser au lendemain cette communication.

En se promenant le soir le comte Maurice d'An-digné soutient qu'on doit agir sans demander des ordres à Monseigneur et déclarer aux princes qu'ils ne seront pas reçus. MM. de Raincourt et de Monti sont d'un avis opposé et n'acceptent pas la responsabilité d'un acte semblable. Le comte René de Monti voudrait même qu'un gentilhomme de service allât porter en personne des nouvelles le lendemain aux Princes. Le comte d'Andigné désirerait qu'on sût d'abord « si leur démarche est une démarche politique ou simplement un acte de déférence envers le chef de la famille ». MM. de Raincourt et de Monti trouvent cette question aussi inopportune que maladroite. Le baron de Raincourt hésite à prendre sur lui d'envoyer le lendemain un gentilhomme de service à Vienne et se contente d'adresser un télégramme aux Princes selon l'ordre de Madame.

M. Huet est à Vienne pour chercher à réunir les médecins que Monseigneur désire pour le soir même, mais ils ne peuvent venir que le lendemain jeudi et la consultation est fixée à 5 heures du soir.

Le comte de Ste Suzanne arrive, mais il reste chez Louis Obry et repart le lendemain pour Vienne. On n'ose dire sa présence à Monseigneur dans la crainte de l'impressionner.

.˙.

Jeudi 5 juillet

La nuit est relativement plus calme. A 5 h. 3o du matin Monseigneur communie en viatique. Madame communie à côté de lui. Puis M. l'abbé Curé aumônier de Frohsdorf assisté du P. Boll commence la cérémonie de l'Extrême-Onction. MM. de Raincourt, de Monti, d'Andigné portent les cierges. Il n'y a dans la chambre de l'Auguste malade que Madame, les deux abbés, ces trois messieurs et les quatre valets de chambre. A l'entrée de la chambre se tient la comtesse René de Monti ; dans la chambre à côté MM. Huet et Frémond et les valets de pied. Monseigneur conserve le plus grand calme, il suit toute la cérémonie avec une foi et une piété admirables. Aussitôt après on reçoit une dépêche du nonce, Mgr Vanutelli qui envoie pour le comte de Chambord la bénédiction papale. Monseigneur l'accueille avec joie (1).

A partir de ce moment un mieux réel semble se manifester ; la tumeur paraît diminuer de grosseur : la matinée est assez calme, les douleurs sont moins vives, mais la faiblesse est toujours grande.

L'entourage se demande si une amélioration

----

(1) Voir note n° 1.

ne va pas s'établir ; on se rattache à la moindre lueur d'espérance et voir moins souffrir Monseigneur est déjà un soulagement pour tous ceux qui l'entourent.

A 2 heures le comte Bernard d'Harcourt et le marquis de Beauvoir viennent au nom des Princes savoir des nouvelles et insistent pour que ces derniers soient reçus un moment par Monseigneur ou du moins par Madame. « Les Princes veulent seulement, disent-ils, saluer le chef de leur famille et exprimer de vive voix à Madame. leur douloureuse sympathie. « Le baron de Raincourt appelé par Madame ne rapporte encore à ces messieurs qu'une réponse évasive, et leur dit seulement que le lendemain matin il aura l'honneur de se représenter chez leurs Altesse Royales pour leur porter des nouvelles de la consultation du soir.

Madame trouvant Monseigneur assez calme. l'instruit de ce qui se passe ; il n'est pas surpris et approuve la démarche des princes d'Orléans ; il regrette qu'un de ces messieurs ne soit pas allé en personne leur porter de ses nouvelles. Puis Monseigneur fait venir le baron de Raincourt e tdevant Madame il lui demande si les princes ont exprimé le désir d'être reçus ; le baron de Raincourt raconte sa conversation avec MM. d'Harcourt et de Beauvoir. « Ont-ils demandé à voir ma femme, ajoute Monseigneur ? — Oui, Monseigneur. — Eh bien ma femme les recevra. « Puis en raison de la grande surdité de Madame, Monseigneur ne pouvant élever suffisamment la voix pour se faire entendre d'elle, il ajoute à M. de Raincourt : « Dites à ma femme que je « désire qu'elle les reçoive ». A ce mot Madame proteste malgré elle par un « Oh » expressif et Monseigneur de reprendre : « Dites-lui que je « le veux » Alors Madame répond aussitôt : « Eh bien je le ferai pour vous ».

Et ainsi fut décidée cette importante visite des Princes d'Orléans, visite pour laquelle MM. de Raincourt et de Monti craignaient tant de difficultés et que pourtant ils désiraient vivement. Monseigneur leva lui-même tous les obstacles et c'est avec le plein consentement de sa volonté, avec toute la liberté de sa grande intelligence, qu'il fixa l'entrevue au lendemain.

A 5 heures les médecins viennent et constatent un peu de mieux, la maison entière accueille avec empressement cette lueur d'espoir. Le danger imminent est conjuré, les crainte des docteurs sont moins vives ; ils permettent plus d'alimentation. Des procès-verbaux dans lesquels les différentes phases de la maladie sont constatées, sont faits et signés par les médecins.

Des télégrammes de tous les princes de la famille d'Autriche, de la reine de Danemark, des princes de Parme sont envoyés à Madame. Ceux de France et les lettres abondent.

*
* *

Vendredi 6 juillet

La nuit est assez calme, le mieux de la veille se soutient. A 7 heures Monseigneur fait appeler le baron de Raincourt pour lui faire ses dernières recommandations avant son départ pour Vienne. Il lui dit même que s'il se sent bien il recevra peut-être lui-même les Princes quelques minutes. « Ils ont bien fait de venir, ajoute-t-il : » ils ont fait leur devoir.

Madame est très nerveuse, très surexcitée par la pensée de cette entrevue ; elle a peur que l'émotion, l'inquiétude ne fatiguent l'Auguste malade. Après le déjeuner Monseigneur fait venir le comte Ren éde Monti et cause pendant trois quarts d'heure avec lui, il lui parle de M. le comte de Paris dans des termes affectueux. A un moment donné Monseigneur prononce ces mots : « Mon pauvre ami voyez-vous c'est fini, « je le sens, je suis perdu » et comme le comte de Monti protestait en disant : « Non. Monseigneur, il se fait trop de prières, et Dieu ne peut y rester sourd. » Monseigneur reprit par ses remarquables paroles : « Elles ne feront rien pour moi ;puisents-elles servir au comte de Paris, j'offre mes souffrances pour lui ».

A 4 heures le baron de Raincourt revient de Vienne ;les princes ont été corrects, ils ont beaucoup insisté sur ce qu'ils considèrent leur visite comme un devoir et lorsque le baron de Raincourt leur annonce qu'ils seront reçus par Madame, ils se confondent en remerciements. Le baron de Raincourt ajoute que Monseigneur les fait prier de venir déjeuner à Frohsdorf et leur arrivée est arrêtée pour le lendemain 11 heures.

Le baron de Raincourt est aussi reçu par le roi de Naples, François II, venu à Vienne avec le comte de Paris, qui lui exprime sa joie de voir les princes d'Orléans reçus à Frohsdorf, malgré ses regrets de ne pouvoir être admis à partager cette faveur.

Monseigneur et Madame approuvent ce qui a été dit et fait. Monseigneur est de plus en plus décidé à recevoir les Princes malgré l'opposition de Madame. Il sait que c'est une question d devoir pour lui et malgré la maladie il saura la remplir. Son calme se soutient malgré ses émotions, et sa douceur est aussi grande que son courage malgré ses souffrances.

*
* *

Samedi 7 juillet

Le mieux persiste. — A 11 heures le baron de Raincourt va à la gare de Neustadt au devant des Princes qui sont accompagnés par le comte Bernard d'Harcourt, le marquis de Beauvoir, le comte de Bondy, M. Bocher. Il y a trois voitures : dans la première se trouvent les princes et le baron de Raincourt ; dans les deux autres les gentilshommes de la suite. Aussitôt leur arrivée, les Princes sont reçus par Madame dans le salon rouge ; tout se passe très correctement Après quelques instants d'entretien, Madame les introduit elle-même près de Monseigneur dans le salon gris, converti en chambre. M. le comte de chambord tend les bras aux Princes et les embrasse tous les trois ; ils sont très émus ; le duc d'Alençon surtout. Monseigneur avec une présence d'esprit incroyable, une vivacité de souvenirs et d'intelligence inouïe, leur demande des nouvelles de chacun des membres de leur famille et les garde 1/4 d'heure. Aucune question politique n'est abordée, mais il y a échange de remerciements de part et d'autre.

Au moment de sortir de l'appartement le duc d'Alençon ne pouvant résister à son émotion, revient sur ses pas, et se jette à genoux à côté du lit de Monseigneur en lui baisant les mains et en s'écriant : « Vous êtes mon Roi, je voudrais mourir pour vous ! » Monseigneur, non moins ému que le Prince, l'embrasse avec effusion.

A la sortie de la chambre, Madame garde encore les Princes pendant un bon moment, puis ils passent dans le salon aux oiseaux où se trouvent tous les gentilshommes de service et la comtesse R. de Monti. Les Princes parlent avec une profonde reconnaissance de l'accueil qu'ils ont reçu ; ils disent de nouveau qu'ils sont heureux d'avoir pu saluer celui qu'ils reconnaissent comme le chef de leur famille, et qu'ils vont rester encore quelques jours à Vienne pour avoir des nouvelles plus directes.

Au déjeuner Madame ne paraît pas Monseigneur avait réglé lui-même les moindres détails de l'entrevue et avait indiqué les places du déjeuner, c'est ainsi qu'il avait désigné le comte de Paris pour être au milieu de la table avec le duc de Nemours et la comtesse R. de Monti à sa droite, le duc d'Alençon et le baron de Raincourt à sa gauche, au milieu de la table en face de M. le comte de Paris, le comte R. de Monti. Le déjeuner est sérieux, cependant la conversation se soutient. M. le duc de Nemours est particulièrement aimable et causant.

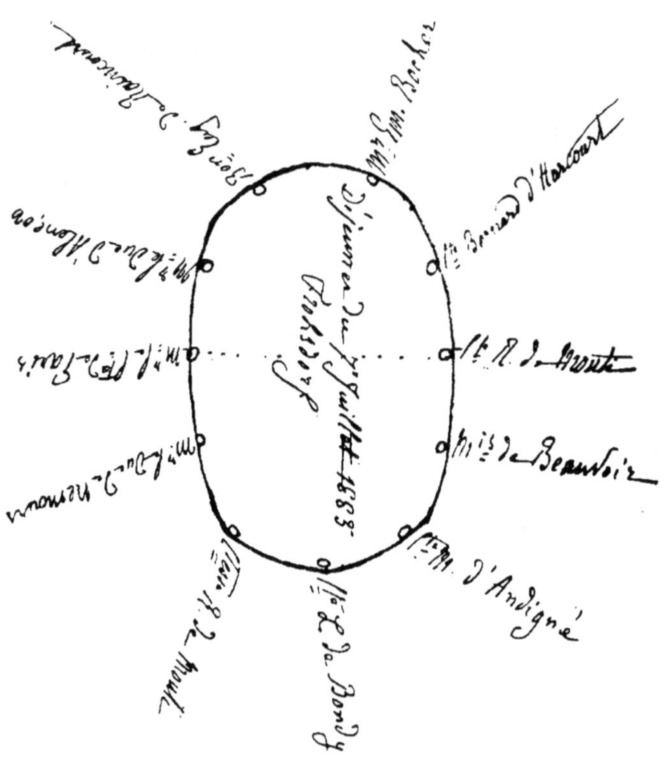

A 2 heures les Princes remontent en voiture, le comte R. de Monti les accompagne jusqu'à Wiener-Neustadt. En route M. le comte de Paris

Comte
Fernand de la FERRONAYS

Duchesse de BLACAS-d'AULPS
née Alice de DAMAS
1824-1879

Comte
Alexandre de MONTI de REZÉ

manifeste ses craintes sur la division que bonapartistes et républicains vont essayer de jeter dans le parti légitimiste que cette journée du 7 juillet groupe plus fortement encore. Il est facile de voir que l'impression des Princes est est bonne et qu'ils sont bien disposés. De son côté, Monseigneur est très content de son entrevue avec ses cousins et déclare qu'il a été très satisfait d'eux. Madame partage cette opinion.

Monseigneur n'est pas fatigué de ces émotions, toujours dangereuses pour un mourant, car les médecins n'avaient pas dissimulé toutes leurs craintes sur les conséquences que pouvait avoir cet écart à leurs rigoureuses prescriptions. Ainsi se termina cette journée qui, croyons-nous, à ce moment-là, ne pouvait avoir que d'heureux résultats sur l'avenir de la France et qui du moins restera un des plus curieux feuillets de l'histoire contemporaine.

Pendant l'entrevue le marquis de Beauvoir raconte que M. le duc d'Aumale avait demandé une permission au ministre de la Guerre pour venir aux funérailles de Monseigneur ; la permission fut accordée, mais lorsque les princes décidèrent leur départ pour Vienne et leur visite à Frohsdorf, le duc d'Aumale retourna à Chantilly.

Le comte de Blacas arrive avec le général de

Charette. Leur douleur est profonde ; le premier est le plus vieux serviteur d'Henri V, son compagnon d'enfance, son confident le plus intime ; le second à toujours haut le drapeau du Roi, l'un et l'autre donneraient leur vie pour lui. Tous ceux qui approchent Monseigneur partagent du reste ces sentiments, car jamais entourage de prince ne fut plus plein d'abnégation et de plus pur dévouement que celui de M. le comte de Chambord. Le comte de Blacas s'installe au château. Madame en est prévenue, mais Monseigneur ne le sait pas encore. Le général reste chez Louis Obry dans le village.

Les dépêches et les lettres abondent de toutes parts ; chaque jour une quinzaine de reporters sont à l'affût des nouvelles.

*
* *

Dimanche 8 juillet

La nuit est sans sommeil, mais non sans souffrances. l'état général est à peu près le même.

M. le marquis de Foresta arrive et est reçu avec émotion par Monseigneur, ainsi que le comte de Blacas. Le soir on transporte Monseigneur dans un autre appartement pour le changer d'air ; il n'en est pas fatigué ; tout ce mouvement se fait avec l'aide d'un lit de camp, car Monseigneur ne se lève plus depuis plusieurs jours.

Le comte de Blacas prend la tête du service, si non en apparence, du moins de fait, il signe les dépêches et donne les ordres. Ces messieurs se déchargent avec empressement de leur responsabilité entre les mains de MM. de Blacas et de Foresta. La correspondance est énorme. On reçoit des reliques de tous côtés pour êtres mises sur l'auguste malade.

*
* *

Lundi 9 juillet

La nuit est mauvaise : Monseigneur a plusieurs vomissements. Le docteur Drasche constate avec le docteur Mayr que l'état général est moins satisfaisant ; leurs craintes sont toujours les mêmes et toujours aussi vives. Madame malgré cela a repris confiance et est remontée, mais l'entourage qui voit la situation est dans une douloureuse anxiété.

Le baron de Raincourt reçoit le télégramme suivant :

« Vienne 8 juillet, 9 heures soir. — Nous som-
» mes bien heureux de l'amélioration signalée
» dans le bulletin que vous nous communiquez.
» Veuillez exprimer à M. le comte et à Mme la

» comtesse de Chambord le souvenir profondé-
» ment reconnaissant que mon oncle, mon cou-
» sin et moi avons remporté de la journée
» d'hier. — Signé Comte DE PARIS ».

M. Joseph du Bourg arrive de Paris et dit qu'une partie des dépêches qu'on envoie régulièrement cependant de Frohsdorf *trois* fois par jour au marquis de Dreux-Brezé, n'arrivent pas ; aussi l'impatience en France est extrême. Le service se fait pourtant avec toute la régularité possible ; chaque jour le bulletin des médecins est envoyé à tous les Princes dont Madame a donné les noms et aux principales notabilités du parti royaliste. Plusieurs Français viennent pour avoir des nouvelles ; citons : le duc de Sabran. le comte Bertrand de Blacas, le vicomte du Pujet, le vicomte de Champeau-Verneuil, etc...

La journée se passe sans incident. Monseigneur reçoit MM. de Blacas, de Foresta, de Raincourt ; il désire voir le duc Della Gratzia et demande des nouvelles du comte Adhéaume de Chevigné : on lui annonce son arrivée pour le surlendemain.

Le soir l'entourage agite de nouveau un sujet dont on a parlé plusieurs fois déjà : la question de. faire venir un médecin français. *Tous ces messieurs le désirent,* car ils comprennent le

sentiment de la France qui voudrait qu'un représentant de son corps médical soit appelé
près de l'auguste malade, mais la difficulté est
d'en parler à Monseigneur sans lui donner une
émotion trop vive ; on craint aussi un refus
formel de sa part ; cependant MM. de Blacas et
de Raincourt pourraient peut-être y mettre un
peu plus d'énergie et braver l'opposition de
Monseigneur.

*
* *

Mardi 10 juillet

La nuit est mauvaise ; il y a plusieurs vomissements, la faiblesse est plus grande, cependant
le médecin ne constate pas d'aggravation dans
l'état général. La journée est assez calme malgré un violent orage. Monseigneur reçoit le duc
Della Grazzia qui lui apporte les sympathies de
l'empereur ; il voit aussi MM. de Raincourt, de
Monti, d'Andigné, mais la conversation le fatigue. Le général de Charette vient s'installer au
château, mais Monseigneur ne sait pas encore sa
présence.

Ces messieurs parlent de nouveau de la nécessité de faire venir un médecin français. MM. de
Monti, d'Andigné, appuyés par le duc Della

Gratzia et le général de Charette insistent pour qu'on prenne une décision de suite, MM. de Blacas et de Foresta hésitent et ne savent comment faire. Le baron de Raincourt laisse ces messieurs juges de la question.

Le Pape envoie pour la seconde fois sa bénédiction à l'auguste malade.

*
* *

Mercredi 11 juillet

La nuit est semblable à la précédente avec plusieurs vomissements ; la faiblesse est très grande. Monseigneur par moment a même de la peine à suivre le cours de sa pensée. Le médecin est beaucoup moins satisfait ; une consultation avec le docteur Drasche est fixée pour le lendemain matin. Madame est très effrayée de la faiblesse de Monseigneur ; elle conserve néanmoins un courage et un calme admirables ; elle ne sort pas de la chambre de l'auguste malade, et la nuit se lève plusieurs fois pour s'assurer de son état. Rien du reste ne peut mieux la peindre que ce qu'elle disait à la comtesse René de Monti : « Je suis vraiment soutenue » par une grâce d'état ; lorsque je suis chez » mon mari, j'ai tout mon calme, je suis là

» comme s'il n'était pas malade, je peux con-
» server ma physionomie ordinaire et j'en re-
» mercie Dieu ? Mais à peine l'ai-je quitté que
toutes mes forces m'abandonnent. »

La fin de la journée est cependant meilleure
pour Monseigneur ; il reçoit le comte Adhéaume de Chevigné et le marquis de Foresta ; il
est triste et s'émotionne facilement ; la pensée
du cancer à l'estomac l'inquiète. Le comte
Adhéaume de Chevigné trouve que depuis huit
jours M. le comte de Chambord a beaucoup
maigri et s'est beaucoup affaibli. Monseigneur
sait la présence du général de Charette, mais il
se trouve trop faible pour le recevoir ; il s'informe pourtant de MM. du Bourg et de Sainte-
Suzanne et regrette de ne pas les avoir vus.

Le baron de Raincourt reçoit le télégramme
suivant. — Vienne, 11 juillet 83. « Nous sommes douloureusement affligés des nouvelles
relativement mauvaises que vous m'avez trans-
mises hier soir et ce matin, nous voulons encore
espérer dans une reprise d'amélioration. Veuillez offrir nos hommages à Mme la comtesse de
Chambord ; nos pensées, nos prières sont à
elle. Veuillez me télégraphier demain matin
hôtel Europe, Pesthe . — Comte DE PARIS.

Les conversations à Frohsdorf roulent sur les
conséquences politiques de la démarche du

comte de **Paris** ; l'entourage comprend bien quelle répercussion doit avoir en France l'accueil fait au Prince à Frohsdorf par Monseigneur dans les circonstances présentes et quel enseignement l'on en doit tirer. Le comte de Blacas, le baron de Raincourt, le comte René de Monti, le comte Ad. de **Chevigné** s'inclinent devant la réalité des faits. **Le comte M. d'Andigné** et M. du Bourg protestent ; le général de Charette termine la discussion en disant : « Qu'il s'appelle Philippe VII et je marche avec lui, ou bien je me retire en Bretagne. » Ces premières divisions effrayent déjà pour l'avenir les véritables légitimistes, **ceux qui mettent la** question de principe avant leur sympathie personnelle.

Même abondance de lettres et télégrammes. Le roi de Bavière envoie de Munich un de ses aides de camp pour demander des nouvelles ; la reine de Saxe télégraphie à Madame.

Au fumoir nouveaux **débats** sur les moyens à employer pour faire venir un médecin. MM. de Foresta et de Raincourt croient qu'il faut demander l'avis de Madame ; MM. de Blacas, de Monti, d'Andigné penchent pour qu'on fasse les démarches sans prévenir. Cet avis est adopté et on décide qu'une dépêche sera envoyée le lendemain matin au marquis de Dreux-Brezé en lui disant d'aller prier le docteur Potain de venir.

*
* *

Jeudi, 12 juillet

La nuit est mauvaise, complètement sans sommeil, avec plusieurs vomissements ; les médecins constatent une grande augmentation de la faiblesse et recommandent de chercher à nourrir Monseigneur avant tout. Madame pour la première fois ne vient pas déjeuner ; sa place vide attriste tout le monde. Dans la journée, pour préparer à l'arrivée du docteur Potain, on fait allusion devant Monseigneur à la possibilité d'appeler un médecin français ; il ne répond ni oui, ni non. On reçoit une réponse du marquis de Dreux-Brézé. Potain ne peut pas venir, mais il a indiqué le docteur Vulpain qui a accepté.

La journée est relativement meilleure. Monseigneur n'a pas de vomissement. Il reçoit le général de Charette, non sans émotion. Madame vient dîner ; elle est un peu reposée.

Un secrétaire de la nonciature de Vienne vient demander des nouvelles et dit que le Pape a exprimé le désir de recevoir une dépêche directe de Frohsdorf tous les jours.

*
* *

Vendredi 13 juillet

La nuit est sans sommeil, mais sans vomissement. Monseigneur peut garder quelques aliments.

Madame reçoit un télégramme **excellent**, rempli de délicatesse, de l'empereur d'Autriche ; elle y répond de suite.

Au moment où l'entourage voit avec anxiété le moment venu de parler à Monseigneur de l'arrivée du médecin, Monseigneur fait venir le comte de Blacas et demande de lui-même qu'on télégraphie de suite au premier docteur de Paris. Cette décision accueillie avec bonheur par tout le monde émotionne un peu Madame. On attend le docteur Vulpian le surlendemain dimanche.

On reçoit une dépêche de M. du Bourg qui annonce son arrivée avec Dom Bosco ; cette nouvelle fait le plus grand plaisir à Monseigneur qui désirait vivement une visite de ce saint homme et qu'il avait fait prier par M. du Bourg de venir.

Monseigneur demande à Madame d'écrire à ses neveux et nièces, mais il ne veut de suite que le duc de Parme et le comte de Bardi ; il recevra ses nièces plus tard.

Madame sort un peu en voiture avec la comtesse R. de Monti. La soirée est assez bonne pour l'auguste malade.

Le comte B. d'Harcourt et M. E. Bocher viennent prendre des nouvelles au nom des princes qui repartent pour Paris le lendemain.

*
* *

Samedi 14 juillet

La nuit est meilleure. Monseigneur dort une heure et demie ; on le sort un peu dans le jardin. Il s'informe du médecin français, le docteur Vulpian, dont on annonce l'arrivée à Madame pour le lendemain, ce qui l'agite déjà beaucoup.

On reçoit une demande d'audience du comte et de la comtesse Henri de Vanssay qui sont venus à Vienne pour savoir des nouvelles. Depuis quelques mois ces vieux serviteurs ne faisaient plus partie de la maison de Monseigneur par suite d'un malheureux échange de lettres, et ne devaient plus revenir à Frohsdorf. Néanmoins Monseigneur veut les recevoir le lendemain.

malgré l'opposition de Madame qui voulait envoyer un refus.

Le prince Charles de Lucinge vient dans la journée, mais il n'est pas reçu.

Madame reçoit des masses de dépêches de tous les princes, une entre autres de la reine Isabelle qui télégraphie pour la seconde fois. Madame ne veut pas répondre et la fait remercier à Paris par un tiers. M. le comte de Paris envoie un exprès porter à Monseigneur ses vœux, ses souhaits de fête, ses remerciements, ce qu'il n'avait jamais fait jusqu'alors. Il lui demande aussi. la permission, dès que l'état de Monseigneur le permettra, de lui présenter son fils aîné à Frohsdorf. Monseigneur et Madame trouvent. cette lettre parfaite et en sont très touchés.

La journée est assez bonne pour l'auguste malade ; il prend et garde un peu de nourriture.

Le comte Ad. de Chevigné va coucher à Vienne pour attendre le docteur Vulpian.

*
* *

Dimanche 15 juillet

La nuit est assez bonne quoique agitée. A 6 heures du matin Dom Bosco arrive ; il voit le suite Monseigneur ; à 7 heures il dit sa messe. Avant le déjeuner Monseigneur reçoit tous ces messieurs, y compris la chancellerie ; il se trouve mieux et dit un mot bon et aimable à chacun. Il mange avec un peu d'appétit, on se laisse entraîner à reprendre un peu confiance.

A midi le comte et la comtesse H. de Vanssay arrivent ; Madame les reçoit et les garde longtemps. Monseigneur voit le comte de Vanssay, qui est effrayé du changement de l'auguste malade.

A 4 heures a lieu la première consultation des trois médecins : Vulpian, Drasche et Mayr. Vulpian ne veut pas encore se prononcer et ne dit rien de plus que les médecins allemands. Malgré les instances anxieuses de l'entourage, il garde une réserve complète. Monseigneur, du reste, est enchanté de lui ; Madame en est aussi très contente.

Le soir, à la bénédiction, Dom Bosco prononce quelques paroles, il s'exprime mal en français. C'est un petit homme au regard intelligent, mais à l'aspect vieilli et usé ; il a plutôt l'air embarrassé et a une grande simplicité. On chante le *Domine Salvum* ; à ce moment, l'émotion gagne tout le monde ; on prie avec ferveur, les yeux se remplissent de larmes. Ce jour de fête, les années précédentes, est changé en jour de tristesse. On ne peut croire que Dieu ne se laissera pas toucher par tant de supplications. L'enfant du miracle ne peut mourir sans avoir rempli sa mission et un miracle encore peut le sauver. Les reporters du *Figaro*, de la *Gazette de France* et de l'Agence Havas qui ont obtenu la permission d'assister à la bénédiction, sont eux-mêmes profondément émus.

Madame reçoit des masses de dépêches. Monseigneur n'est pas fatigué de cette journée pleine de secousses.

Le soir, le dîner est triste : la place vide de Monseigneur fait faire un rapprochement avec les saintes Henri précédentes, mais voilà qu'au moment où on verse le champagne pour boire à la santé du Roi, la grande porte s'ouvre et on entend Ferdinand Obry annoncer : Monseigneur ! C'est lui, en effet, qui apparaît dans un fauteuil roulé par quatre hommes ; il a l'air d'un spectre qui sort de son tombeau, il est pâle comme un linceul, ses vêtements trois fois trop larges font ressortir encore plus sa maigreur ; cependant son regard a toute sa vivacité. « Je viens boire à ma santé et aux vôtres », dit-il. Tout le monde se lève bouleversé par cette apparition. Madame est suffoquée par la surprise et par la joie, elle se précipite sur la main de Monseigneur qu'elle couvre de

baisers. Tous les yeux sont pleins de larmes.
Monseigneur adresse un regard, un sourire à
chacun ; il parle à la comtesse R. de Monti, à
Dom Bosco, au général de Charette, puis après
avoir bu un verre de champagne il ajoute avec
un esprit gaulois : « Allons-nous-en ; je me
griserais ! » et il donne à Charette le verre dans
lequel il a bu.

Madame voit dans cette surprise le commencement de la convalescence ; tous ressentent
plutôt le déchirement d'un adieu !... Cependant,
Monseigneur n'est pas fatigué de cette émotion ; il prend même un peu de crème une fois
rentré chez lui.

*
* *

Lundi 16 juillet

La nuit est assez bonne. Monseigneur dort
pendant une heure, mais encore deux vomissements. Le docteur Vulpian à droite de Madame ; Monseigneur est enchanté de lui et voudrait le garder plus longtemps ; après déjeuner
il le fait rester une heure près de son lit. Le
docteur est empougné par son malade. La journée se passe sans incident. Monseigneur voit
plusieurs de ces messieurs, et selon la disposition du moment, il est tour à tour découragé ou

plein d'espoir : au fond, il veut se rattacher à la vie. Il prend deux fois du café au lait, mais la situation est toujours la même et malgré les instances de Madame, le docteur Vulpian ne prononce pas une parole d'espoir.

Le soir, le prince Charles de Lucinge dîne. Dom Bosco fait ses adieux à tout le monde : il doit partir le lendemain matin. Il assure que Monseigneur guérira. Ce dernier lui fait remettre une somme de 20.000 francs.

*
* *

Mardi 17 juillet

La nuit se passe comme la précédente. Dom Bosco part à 7 heures du matin. Urbain de Charette arrive, apportant à son frère le drapeau blanc du Sacré-Cœur que les zouaves avaient si glorieusement défendu à Patay. Le général tenait à ce que cet étendard teint du sang des Bouillé, de Verthamond, etc..., vînt jusqu'à Frohsdorf et qu'il fût déployé sur le lit d'Henri V. C'est à ce moment que le roi dit au général : « Si je vis, gardez-le ; nous le déploierons ensemble ; si je meurs vous le mettrez sur mon cercueil ».

Les médecins sont en consultation ; on attend avec anxiété leur arrêt. Après un scrupu-

1 . M. le Cᵗᵉ de CHAMBORD
2 . Edouard de CAZENOVE
3 . Duc de LORGE

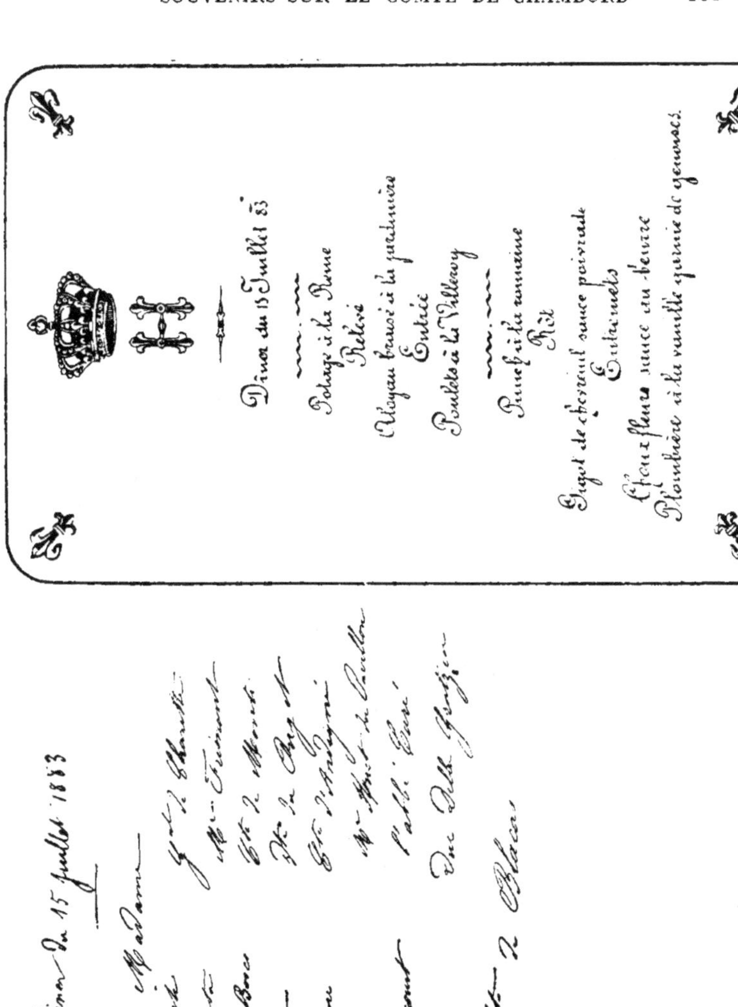

leux examen, le docteur Vulpian déclare qu'il
est complètement de l'avis de ses confrères allemands et qu'il reconnaît une tumeur qu'il
croit cancéreuse. Il diffère un peu, seulement,
sur le régime à suivre, aussi, il donne des instructions détaillées par écrit qui doivent être sui-
vies à la lettre.

Pour lui, si Monseigneur peut reprendre un
peu de force cet état peut se prolonger assez
longtemps, mais tout espoir est interdit. Ce dé-
solant arrêt n'est dit qu'au comte de Blacas,
pour ne pas trahir le secret professionnel le reste
de l'entourage même est sensé l'ignorer, surtout
vis-à-vis des autres médecins. Aussi le docteur
Vulpian qui, du reste, soigne Monseigneur avec
une attention minutieuse et un cœur vraiment
dévoué, ne prononce-t-il, devant Madame, que
le mot catarrhe aigu, joint à une inflammation
extrême ; il lui laisse même entrevoir un peu
d'espoir ; mais se renferme dans une réserve
absolue devant les autres personnes.

La journée est assez bonne pour l'auguste malade. L'entourage désirerait qu'un médecin de
Paris vînt s'établir auprès de M. le comte de
Chambord pour le soigner, sous la direction
du docteur Vulpian ; on doit en parler le lendemain matin à ce dernier, qui reste un jour
de plus pour faire plaisir à Monseigneur.

Dans la journée partent le général de Charette avec le vicomte du Puget, le marquis de
Foresta, M. du Bourg. On reçoit l'annonce de
l'arrivée de M. le comte de Bardi.

*
* *

Mercredi 18 juillet

La nuit est agitée, cependant le docteur Vulpian n'est pas plus mécontent ; au moment de
son départ, Monseigneur le remercie avec effusion et l'embrasse ; de grosses larmes d'émotion coulent sur le visage du docteur. On parle
à ce dernier de la pensée d'un médecin ou d'un
interne placé sous sa direction, près de Monseigneur ; il trouve l'idée bonne et en dit un mot
à l'auguste malade qui accepte d'abord, puis
qui refuse de peur de froisser les médecins allemands. Néanmoins, le docteur Vulpian doit
chercher un sujet en cas de besoin. Monseigneur lui demande de revenir dans trois semaines s'il le peut.

Le comte de Bardi arrive ; Monseigneur le
voit le matin et dans la journée. Le comte
Adehaume de Chevigné part. Monseigneur est
très émotionné en lui disant adieu. Toutes ces
secousses l'ont fatigué ; il souffre de l'estomac

et des intestins, ce qu'il n'avait pas éprouvé jusqu'alors. Il est très découragé, l'entourage aussi s'inquiète de cette journée qui, en réalité, est mauvaise. Madame est très démontée le soir.

En faisant la revue des journaux, on trouve, dans un journal de Paris, dont le comte M. d'Andigné est le directeur, un article qui est de lui, contre les princes d'Orléans, tendant à enlever toute signification politique à leur visite à Frohsdorf. Le comte de Blacas, très mécontent, fait des observations sévères au comte d'Andigné.

*
* *

Jeudi 19 juillet

La nuit est beaucoup meilleure que les précédentes. Monseigneur dort quatre heures : on se réjouit de ce moment de repos. Le duc de Parme arrive avec le comte de Ziléri ; Monseigneur le reçoit de suite avec le comte de Bardi. Mais la journée est moins bonne. Monseigneur vomit quatre fois, il souffre et les douleurs reparaissent dans les intestins ; il est profondément découragé tout en étant très résigné. Il fait venir le duc Della Grazia et lui parle de ses derniers moments qu'il sent approcher. Madame est très abattue, elle épanche sa douleur avec le duc Della Grazia.

Malgré les bulletins plutôt rassurants des médecins, la faiblesse augmente. L'entourage est navré et redoute une nouvelle crise. Le soir, il y a un peu de repos, mais les douleurs persistent.

*
* *

Vendredi 20 juillet.

La nuit est mauvaise, les souffrances redoublent, pour la première fois, on fait venir le médecin à 4 heures du matin. Monseigneur dit qu'il a le pressentiment de sa fin ; il fait ses adieux et de nouvelles recommandations à Ferdinand Obry. Le médecin, pourtant, ne paraît pas aussi inquiet. La journée est plus calme, on sort Monseigneur dans le jardin, couché. Il encoie les princes de Parme à la chasse qui n'acceptent que dans la crainte d'impressionner leur oncle par un refus. Madame est bien, quoique un peu fatiguée et très inquiète, Monseigneur ne prend presque rien ; le soir il est d'une faiblesse extrême ; le docteur Mayer revient et reste à coucher au château. L'entourage est très effrayé, il se rend compte que Monseigneur ne pouvant supporter aucune nourriture et que la faiblesse augmentant toujours

cet état, à moins d'un miracle, ne peut se prolonger.

*
* *

Samedi 21 juillet

La nuit est plutôt mauvaise. Monseigneur ne
peut supporter aucune nourriture, cependant le
visage est bon, meilleur même que les jours
précédents ; la faiblesse est la même. Monseigneur sort couché sous la tente dans le jardin,
l'air lui fait plaisir. Il reçoit, l'un après l'autre,
le duc Della Grazia, le baron de Raincourt, le
comte R. de Monti ; à tous il fait ses adieux et
les remercie de leur dévouement (1). L'auguste
malade a des larmes dans les yeux ; ces Messieurs ont le cœur brisé et ne peuvent contenir
leur douleur. La veille, Monseigneur avait reçu
le comte de Blacas et lui avait fait également ses
dernières recommandations ; il reçoit aussi les
princes de Parme. La journée se passe sans
trop de souffrances, mais Monseigneur ne prend
presque rien. A 5 heures, le médecin revient ·t
avoue que la veille, il avait été on ne peut plus
inquiet ; il craignait une péritonite qui, si elle
n'avait pu être arrêtée, aurait enlevé Monsei-

----

(1) Note 2, Adieux au Comte R. de Monti.

gneur dans les 48 heures ; maintenant, il la croit écartée, mais il constate une augmentation de faiblesse. Madame est de plus en plus admirable de courage. C'est de l'héroïsme chrétien.

*
* *

Dimanche 22 juillet

La nuit est assez bonne, Monseigneur dort pendant trois heures ; le matin, il ne souffre pas, on le sort dans le jardin dans un lit ; il y reste deux heures avec plaisir. La figure est bonne, les forces semblent être un peu plus grandes. Monseigneur est remonté ; il reçoit les Princes, le comte Zileri, le comte d'Andigné, le duc Della Gratzia. Dans la journée, il supporte un peu de nourriture ; il prend même quelques cuillerées de viande pilée. Le docteur Drasche, en consultation avec le docteur Mayr, constate une amélioration. Madame est pleine de confiance ; l'entourage voudrait voir ce mieux se soutenir pour oser espérer.

Le comte R. de Monti reçoit un télégramme du duc de Chartres de Théran, où il vient d'apprendre, la maladie de Monseigneur, il s'empresse d'envoyer ses respectueuses sympathies à l'auguste malade.

De continuelles discussions s'engagent entre le comte M. d'Andigné et les autres personnes de la maison de Monseigneur au sujet de la conduite à tenir dans les journaux vis-à-vis des princes d'Orléans. Le comte M. d'Andigné vise de plus en plus leurs droits d'hérédité au trône et prétend qu'en soutenant cette thèse dans son journal, il ne compromet en rien la politique et la personne de Monseigneur. Les autres gentilshommes soutiennent qu'il commet un abus de confiance, une indélicatesse par le fait même de sa présence près de M. le comte de Chambord, et que tout au moins, il y a là un manque de tact. Ce sujet de conversation est souvent remis sur le tapis et toujours il soulève les mêmes oppositions, aussi deux camps se forment, qui deviennent de plus en plus tranchés. Le parti peu important qui repousse M. le comte de Paris, se trouvent MM. d'Andigné, du Bourg, le P. Bole, l'abbé Curé, ces deux derniers se mêlant ainsi de ce qui ne les regardent pas ; dans l'autre parti, tous les serviteurs les plus anciens et les plus dévoués de Monseigneur, ceux qui représentent l'aristocratie française ; en un mot, tout le reste de l'entourage de M. le comte de Chambord, et qui savent le mieux ses pensées.

*
* *

Lundi 23 juillet

La nuit est aussi bonne que la précédente, le mieux se soutient et s'accentue. Les musiciens de Pitten que Monseigneur avait demandés la veille, jouent pendant deux heures sous ses fenêtres et lui font plaisir. Monseigneur ne sort pas à cause de la grande humidité produite par la pluie, mais il se lève dans son fauteuil et fait même quelques pas. Il se fait peser ; on regrette cette idée, car Monseigneur est descendu au poids de 143 livres et cela l'effraie un peu. Cependant, le médecin est satisfait et constate un arrêt dans la déperdition des forces, mais il ne parle pas de la maladie en elle-même. Monseigneur prend du chevreuil pilé et deux pots de crème ; il n'a que deux vomissements insignifiants : les douleurs ont presque disparu.

Monseigneur reçoit le duc Della Grazia et lui demande de revenir dans une quinzaine de jours. Le soir, il est un peu agité. Malgré son état de souffrance et de faiblesse, Monseigneur s'intéresse à tout ce qui se passe, il lit les journaux ; le comte M. d'Andigné souligne les articles intéressants et lorsque Monseigneur est trop fatigué pour les parcourir lui-même, il les fait

lire par son second valet de chambre, Cadouff.
Chaque jour, il fait son journal et note lui-
même toutes les phases de sa maladie. Toujours excellent pour tous ceux qui l'entourent,
il s'informe de chacun et se plaît à reconnaître
leur dévouement et à les en remercier.

Mardi 24 juillet

Monseigneur dort moins que les deux nuits
précédentes, mais il n'a pas de vomissement, il
sort pendant trois heures dans le jardin, il
prend un perdreau pilé ; les forces semblent
faire du progrès, l'état général est meilleur.
Monseigneur commence à former des projets
pour le mois de septembre ; il parle des événements politiques et voudrait voir ce qu'il croit
être sa convalescence marcher plus vite. L'entourage est moins inquiet, mais n'a qu'une crainte :
celle de voir l'auguste malade faire des impru-
dences.

Madame reçoit une dépêche de la grande
duchesse Constantin de Russie. le Pape continue
à faire demander des nouvelles par le Nonce
presque tous les jours. Les télégrammes diminuent un peu comme nombre, mais les lettres
contenant des consulations et les indications

de remèdes arrivent toujours avec la même abondance.

La journée est assez bonne pour Monseigneur.

*
* *

Mercredi 25 juillet

Le mieux se soutient, Monseigneur dort plusieurs heures, il n'a pas de vomissements ; il prend même un œuf, cependant la digestion en est un peu difficile. L'entourage craint que le médecin ne mette pas assez de prudence dans l'augmentation de la nourriture ; on lui en fait l'observation. Monseigneur se fait transporter dans un fauteuil dans le salon à la sortie du déjeuner ; il y reste un quart d'heure avec tout le monde. On voit que les forces sont plus grandes, mais le teint est mauvais. Il est un peu fatigué en rentrant dans sa chambre, cependant, la journée se passe sans incident.

Les lettres arrivent avec la même abondance, la moyenne est de trois cents par jour.

*
* *

Jeudi 26 juillet

La nuit est sans sommeil, mais sans souffrance. Monseigneur se sent assez fort pour se faire tailler la barbe et subir une toilette, qui dure une heure. Il prend une purée de bœuf consommé, demande un bouillon et y revient à deux fois dans la journée. Ces aliments donnent bien un peu de pesanteur à l'estomac, mais finissent par passer sans douleur et sans vomissement. Le docteur paraît content et malgré soi on veut croire au commencement d'un mieux providentiel.

Le départ du comte d'Andigné est décidé pour le dimanche suivant. Malgré la divergence d'opinion qui existe entre lui et les autres gentilshommes de service sur l'application du droit monarchique, ces messieurs voient partir avec regret cet ami aimable et complaisant. Le comte R. de Monti surtout est effrayé de rester seul avec le comte de Blacas et baron de Raincourt, dont les santés très ébranlées demandent beaucoup de ménagements.

*
* *

Vendredi 27 juillet

La nuit est comme la précédente : le matin, Monseigneur est assez agité, impatient ; il se fait transporter une première fois dans le salon rouge pour y écouter ses musiciens, qu'on a fait demander à W^r Neustadt. Ces derniers, n'arrivant pas, Monseigneur retourne dans sa chambre et revient à 10 heures dans le salon. Il écoute la musique avec plaisir pendant une heure ; il fait venir tous ces messieurs et la comtesse R. de Monti près de lui ; il est gai, mais un peu surexcité. A la fin, il est un peu fatigué et a un premier vomissement. Dans la journée, il se fait transporter sous la tente du jardin et y écoute encore différents morceaux ; mais cet excès de mouvement amène deux vomissements successifs, qui provoquent une crise de douleurs qui dure deux heures. Monseigneur est très découragé, il fait même appeler le P. Bole, cependant, dans la soirée, il y a plus de calme, les douleurs cessent et Monseigneur peut prendre une assiette de bouillon. En somme, la journée est moins bonne qu'elle n'aurait dû être, grâce à un peu trop d'alimentation d'un côté et à une trop grande surexcitation.

*
* *

Samedi 28 juillet

Monseigneur dort quatre heures, mais au milieu de la nuit, il a une crise de douleurs et un vomissement. Le médecin qui avait constaté la veille « un mieux inespéré » attribue uniquement à l'imprudence de Monseigneur, cette reprise de vomissements et de souffrances ; il dit cependant que l'état général est le même et espère que cela n'aura pas de suite. Dans la journée, Monseigneur prend un peu de lait et de la purée de viande qu'il conserve : il se sent très faible et est très découragé ; il souffre encore un peu pendant un quart d'heure. Le départ des Princes est fixé au mardi suivant. Par le fait, la journée est moins bonne que les précédentes. Monseigneur est encore sous le coup de la fatigue de la veille.

Le marquis Aymer de la Chevasserie et son fils, le comte René Aymer, viennent de France pour savoir des nouvelles ; ils sont reçus par le comte de Blacas, le comte et la comtesse R. de Monti.

*
* *

Dimanche 29 juillet

La nuit est assez bonne, quoique avec moins de sommeil. Monseigneur sort dans le jardin pendant deux heures. Le médecin est content et trouve surtout que la sensibilité du point douloureux de l'estomac a considérablement diminuée ; il avoue même que ce mieux dépasse ses prévisions. La journée est assez bonne, cependant, Monseigneur est un peu abattu ; la lenteur des progrès le décourage. Il reçoit les princes de Parme et le comte Maurice d'Andigné, qui va lui faire ses adieux. Monseigneur prend deux fois du jus de viande et du bouillon avec du pain, à son second repas, l'estomac refuse et rend les aliments, mais ce vomissement n'amène aucune douleur. Malgré l'augmentation de nourriture, les forces restent stationnaires.

A deux heures, départ du comte M. d'Andigné pour la France.

*
* *

Lundi 3o juillet

Monseigneur dort pendant cinq heures, il passe trois heures dehors ; il reçoit le baron de Raincourt, puis les princes de Parme auxquels il dit adieu. La journée se passe assez bien, malgré un vomissement dans la soirée. Le médecin constate que l'état de l'auguste malade est aussi bon que la veille. Même disposition d'esprit aussi chez Monseigneur que les jours précédents. Madame sort en voiture avec la comtesse R. de Monti.

*
* *

Mardi 3i juillet

La nuit est aussi bonne que la précédente ; pas de vomissement depuis 24 heures. Pendant la messe, Monseigneur se fait transporter dans le parc aux daims jusqu'à la maison du garde (5oo mètres), il est content et avoue qu'il se sent mieux, il fait apporter ses fusils, mais reconnaît que ses forces ne sont pas assez grandes pour lui permettre de tirer. Après trois heures de séjour dehors, Monseigneur revient dans sa chambre et la journée se passe sans fatigue. Il prend du chocolat, deux fois du potage et plusieurs pots de crème avec plaisir et néanmoins le docteur Vulpian écrit en recommandant la plus grande prudence.

Madame sort en voiture avec la comtesse de Monti.

L'ambassadeur du Brésil à Vienne vient, au nom de ses souverains, savoir des nouvelles.

Le duc de Parme part à 5 heures du matin, se rendant à Wartegg, en s'arrêtant à Gmünden, et le comte de Bardi part à 8 heures, allant à Gratz, Venise et Wastegg.

Le marquis de Dreux-Brezé écrit que Paul Best est venu chez lui, accompagné de **MM.** Bourgeois et de Baudry d'Asson, députés, pour lui apporter du sang de bœuf réduit en poudre, en le priant de le faire parvenir à Monseigneur. Ce remède, peu connu, étant on ne peut plus fortifiant, Paul Bert pensait qu'il pourrait faire du bien à M. le comte de Chambord.

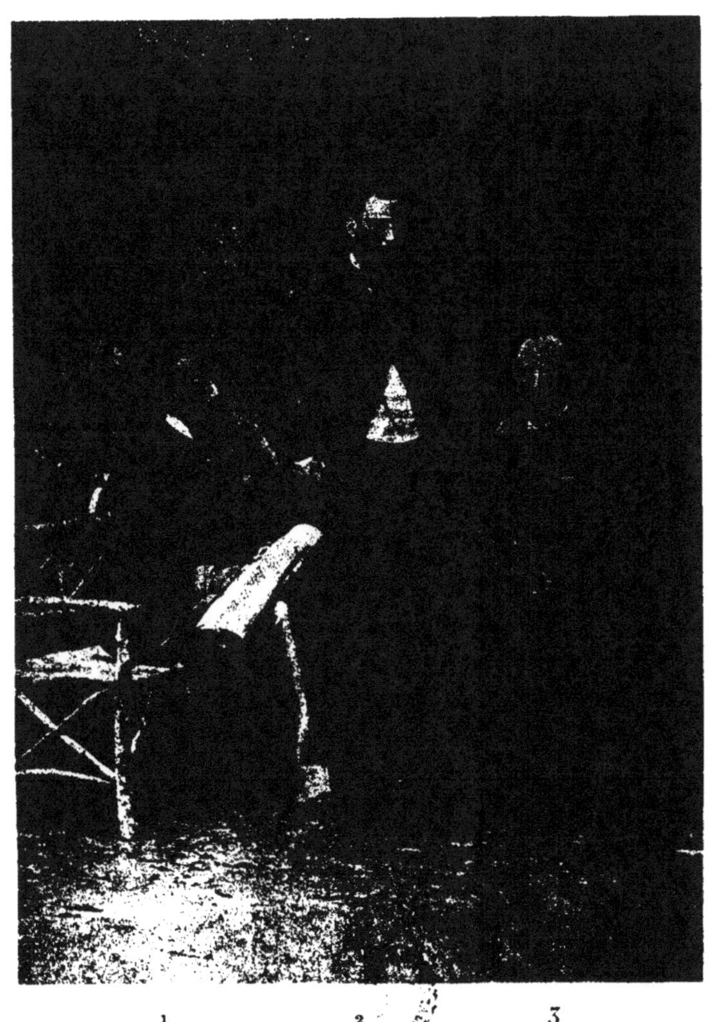

1. Comte René de MONTI
2. Duc della GRAZIA
(fils de la duchesse de Berry et du comte Lucchesi-Palli)
3. Comte Adhéaume de CHEVIGNÉ

*
* *

Mercredi 1er août

La nuit et la journée sont bonnes. Monseigneur sort le matin dans le parc aux daims et, dans l'après-midi, dans son jardin. Il reçoit, dans la matinée, le comte de Blacas et examine avec lui des tableaux, dont il désigne les places dans les différents salons. Dans la journée, il fait venir le comte R. de Monti, qu'il garde deux heures ; il cause et se fait lire les journaux et plusieurs ouvrages. Il continue à écrire lui-même, au crayon, son journal. Le médecin trouve l'état général bon. L'entourage renaît à l'espoir, après avoir craint une catastrophe si proche, on se réjouit en pensant que Dieu a eu pitié de la France et qu'il veut épargner le Roi très chrétien. On se dit que c'est une épreuve, mais que cette épreuve servira à la cause royaliste, car tous les dévouements se sont réveillés et la France entière est occupée de celui qu'elle a exilé.

*
* *

Jeudi 2 août

La nuit est bonne, le médecin dit qu'il ne fera plus de bulletin quotidien, les nouvelles à don-

12

ner étant toujours à peu près les mêmes. Il ne veut pas déclarer Monseigneur en convalescence et ajoute qu'on ne pourra le constater que lorsque Monseigneur recommencera à prendre un peu de poids. Malgré ce mieux apparent, le docteur Mayr confie à l'entourage que ses craintes sur le principe de la maladie restent toujours les mêmes, seulement cet état peut se prolonger longtemps et il ajoute même qu'il pourrait très bien se faire que Monseigneur revint en partie à la santé pendant un certain temps.

Comme la veille, Monseigneur passe une grande partie de la journée dehors, la plupart du temps assis ; il se fait même porter à la chapelle et garde le comte R. de Monti près de lui pendant deux heures, comme la veille.

Il arrive nombre de lettres, contenant des avis sur les devoirs religieux, que M. le comte de Chambord devrait remplir pour obtenir sa guérison ; elles sont toutes communiquées à Monseigneur.

*
* *

Vendredi 3 août

La nuit est moins bonne que les deux dernières ; il y a deux vomissements, cependant le docteur Mayr est assez content pour ne pas faire de bulletin. Monseigneur se fait peser, il a encore maigri de 7 livres depuis la dernière fois, ce qui fait une diminution de 66 livres ½ depuis le commencement de la maladie, il est descendu au poids de 136 livres. Il est impressionné de cette constatation, la journée s'en ressent, il a encore un vomissement. Rien de grave cependant ne se produit.

.*.

Samedi 4 août

La nuit est assez bonne, malgré un vomissement. Monseigneur se trouve lui-même mieux, il fait arranger des tableaux dans le billard et reste une heure au milieu du bruit sans éprouver de fatigue. Pendant que le médecin est chez Madame, il donne l'ordre à son valet de chambre de le transporter dans le parc aux daims et tire un daim ; en revenant, il se trouve un peu fatigué. Le médecin est effrayé de cette imprudence, déjà il avait constaté un statu quo dans l'état de Monseigneur, qu'il attribue au trop de mouvement que se donne l'auguste malade. Comme il craint d'être impuissant à arrêter les désirs de Monseigneur, il écrit au docteur Vulpian, en le priant d'envoyer les recommandations les plus sévères.

La journée se passe sans incident, mais l'appétit est complètement nul.

*
* *

Dimanche 5 août

La nuit est très bonne, le docteur Mayr est beaucoup plus content que la veille. Monseigneur reçoit le comte de Blacas, dont le départ est fixé au mercredi suivant. Monseigneur se sent un peu plus fort et surtout il a un peu plus d'appétit ; il mange en effet pour la première fois une aile de perdreau rôti et prend du bouillon au riz. Néanmoins, le comte de Blacas trouve que la maigreur a fait encore plutôt des progrès.

Monseigneur sort dans le jardin ; la journée est bonne.

*
* *

Lundi 6 août

La nuit et la journée sont aussi bonnes que la veille ; Monseigneur prend une tasse entière de chocolat et une aile de perdreau rôti. Il reçoit le baron de Raincourt et Urbain de Charette, qui passent la journée et la nuit à Frohsdorf. Ce dernier, qui voit Monseigneur pour la première fois, depuis le début de la maladie, est effrayé du changement et de la maigreur de l'auguste malade.

Le matin, Monseigneur se fait encore transporter dans le parc aux daims et tire un daim. Il n'est pas sans se rendre compte qu'il enfreint les recommandations des médecins, aussi il recommande le silence à ses valets de chambre sur cette fugue et revient sans être fatigué. L'entourage n'apprend que cette première imprudence le 12 août suivant, six jours après.

*
* *

Mardi 7 août

La nuit est bonne. Monseigneur dort pendant six heures ; il reçoit le comte de Blacas, qui trouve les traits et la voix, ainsi que les gestes de l'auguste malade beaucoup meilleurs. Le médecin est content. En se forçant un peu sur la quantité de nourriture, Monseigneur provoque un vomissement ; on attribue du moins ce petit incident à cette cause apparente, mais en réalité il est amené par une nouvelle imprudence de Monseigneur qui, pendant la messe de neuf heures et demie s'était fait transporter en cachette jusqu'à la maison du garde. Là il avait fait apporter ses carabines et tiré de son fauteuil un chevreuil, qu'il tue ; il est obligé, pour cela, de s'y reprendre à plusieurs fois ; les forces lui manquant pour soutenir le fusil. Non content de cette première épreuve, Monseigneur se fait porter ensuite au milieu du gazon, près de l'étang, pour tirer des canards sauvages, qu'il ne peut voir. Il reste une demi-heure dans l'humidité, entouré seulement de ses gardes et de deux valets de chambre. Il se trouve un peu fatigué et revient directement chez lui en recommandant le silence. Ce n'est, en effet, que le samedi suivant, 11, que l'entourage connut la vérité tout entière ; le médecin lui-même n'apprit cette imprudence qu'à ce moment-là ; Monseigneur ayant fait les recommandations les plus sévères à ses gens qui, habitués à obéir ponctuellement, n'exécutèrent que trop fidèlement les ordres de leur maître.

La journée se passe sans incident, et l'entourage reste dans une sorte de sécurité relative. Le départ du comte de Blacas est toujours fixé au lendemain.

*
* *

Mercredi 8 août

La nuit est assez bonne, cependant Monseigneur est abattu et découragé, le matin, il a un

léger saignement de nez au moment où le comte
de Blacas vient lui faire ses adieux. MM. de
Raincourt et de Monti sont désolés du départ de
ce dernier, car toute la responsabilité en plus
du travail, leur incombe de nouveau, et les différents petits accidents survenus dans l'état de
l'auguste malade les inquiètent. Le médecin, du
reste, ne veut pas se prononcer et a plutôt l'air
tourmenté, tout en disant qu'il n'est pas mécontent de l'état général. La maigreur augmente
toujours.

Le comte de Blacas part à midi.

La journée est médiocre. Monseigneur ne peut
sortir en raison du vent, il a encore un vomissement ; néanmoins, il prend de la purée de
viande et la garde. Il souffre un peu du ventre.
Les valets de chambre trouvent que les forces
n'augmentent pas. On parle de demander le docteur Drasche.

L'entourage qui ne connaît pas l'imprudence de
la veille, ne s'explique pas le brusque arrêt dans
le mieux déjà éprouvé et ne peut pas croire à
une rechute. Madame attribue beaucoup ces différents accidents à la fatigue des conversations
politiques que Monseigneur a eues avec le comte
de Blacas la veille et le matin même. Madame
ne donne aucune explication, mais elle est elle-
même un peu agitée.

*
* *

Jeudi 9 août

Jusqu'à 2 heures de la nuit, Monseigneur dort, mais à ce moment, il éprouve un sentiment d'angoisse et presque de défaillance, qui l'effraie beaucoup. Il fait appeler Madame, lui dit adieu, puis demande le P. Bole et veut recevoir la Sainte Communion. On va réveiller le baron de Raincourt et une autre voiture part immédiatement pour chercher le médecin. Ce dernier est très effrayé ; il trouve la faiblesse extrême, il prononce le mot de rechute et veut demander le docteur Drasche pour le lendemain, malgré l'opposition de Monseigneur. Puis, après avoir envoyé un bulletin très alarmant, il craint de s'être un peu trop avancé et dit qu'il reviendra le soir pour en expédier un second plus rassurant s'il y a lieu. La journée est plus calme. Monseigneur reste longtemps dehors, dans le parc aux daims, mais il est profondément triste et abattu. Il a du dégoût pour la nourriture, cependant il n'a pas de vomissement. Le soir, le docteur Mayr revient, il est moins inquiet, mais reste néanmoins à coucher.

L'entourage est anxieux et se demande si ce n'est qu'une crise passagère comme celle du 20 juillet, ou le début d'une rechute fatale.

Madame, un peu rassurée par le calme relatif de la journée, attribue toujours l'état de Monseigneur aux préoccupations politiques. Après le dîner, elle parle très ouvertement avec les personnes et l'entourage de la demande de M. le comte de Paris et raconte ce qui s'était passé : au commencement de la semaine, le marquis de Dreux-Brezé avait écrit au comte de Blacas que M. le comte de Paris avait envoyé chez lui un de ses amis pour le prier de demander au comte de Blacas quelle serait son opinion sur l'opportunité d'une demande du comte de Paris de présenter son fils à Monseigneur .

« Le Prince, ajoutait l'envoyé, ne voulait pas provoquer aucune complication, et tenait à savoir la pensée du comte de Blacas pour décider sa conduite ; du reste, il désirait que ses pourparlers fussent tenus complètement secrets. »

A la réception de cette lettre, le comte de Blacas alla en parler à Monseigneur, qui dit alors de suite qu'il recevrait les Princes ; il fixa l'époque et régla à ce moment même les détails de l'entrevue en chargeant le comte de Blacas de faire parvenir la réponse. Le comte de Paris devait arriver avec Madame la comtesse de Paris et leur fils, le 15 septembre, à cinq heures et demie du soir ; ils devaient dîner tous les trois avec Monseigneur et repartir pour Vienne le même soir, à huit heures. Madame ne sut cette décision et ces pourparlers qu'après, c'est-à-dire le 8 seulement, et fut étonnée de ne pas avoir été consultée.

*
* *

Vendredi 10 août

La nuit est calme et assez bonne ; le docteur Mayr dit que l'auguste malade est revenu au point où il était avant cette crise, cependant il ne veut pas se prononcer sur les forces, ce qui empêche l'entourage de se rassurer. Après le déjeuner, Monseigneur se fait transporter sur la terrasse, il ne peut y rester, l'air le fatigue. La vue des personnes qui l'entourent l'émotionne. MM. de Raincourt et de Monti, la comtesse de Monti sont effrayés, du reste, du progrès du dépérissement, le teint est terreux, le regard mal assuré, la voix est faible, enfin tous sortent de cette entrevue, atterrés. Madame est très triste, Monseigneur ne parle que de sa fin prochaine.

Le docteur Mayr ne doit revenir le soir que sur une nouvelle demande. Il a décommandé, sur l'ordre de Madame, le docteur Drasch ; l'entourage le regrette vivement. La journée se passe sans incident, mais si le lendemain il n'y a pas d'amélioration, les gentilshommes de service sont décidés à faire venir le docteur Drasch malgré l'opposition de Madame.

*
* *

Samedi 11 août

La nuit est agitée avec un peu de délire, vers le matin, la faiblesse est très grande, le moral le même que les deux jours précédents ; le médecin ne paraît pas cependant beaucoup plus inquiet. La consultation avec le docteur Drasch est acceptée par Madame pour le lendemain. Monseigneur sort pendant vingt minutes, il a un vomissement dans la journée, l'entourage est très inquiet pour un avenir prochain.

*
* *

Dimanche 12 août

La nuit est mauvaise. Monseigneur ne dort presque pas et a des divagations ou plutôt une absence complète du souvenir des choses qui viennent de se passer. Il peut néanmoins entendre la messe dans sa chambre et communier. La faiblesse augmente, l'auguste malade ne peut se réchauffer. Le médecin est très inquiet et ne dissimule pas la vérité à Madame, à laquelle il dit que si dans les quarante-huit heures il n'y a pas de mieux, une crise fatale peut se produire. Madame est admirable : au déjeuner, elle est aussi pleine de bonté pour tous que les jours précédents. Elle vit dans une autre sphère. Elle console Monseigneur et elle-même est soutenue par cette pensée : « Si le Bon Dieu » veut rappeler mon mari à lui, il ira au Ciel, » et moi je ne lui survivrai pas longtemps. » Nous serons à peine séparés pour nous retrou- » ver pour toujours. Que la volonté de Dieu se » fasse... » Continuellement, leurs derniers épanchements roulent sur ce sujet et tous les deux trouvent leurs forces dans leur douleur même. A deux heures, le docteur Drasch vient avec le docteur Mayr. Ils disent hautement leurs craintes, ils reconnaissent mieux que jamais la tumeur en raison de la maigreur de Monsei-gneur, ses dimensions sont à peu près les mê-mes ; ils trouvent la faiblesse extrême, cependant ils semblent croire à une prolongation d'existence plus longue que l'état apparent de Monseigneur le faisait craindre à l'entourage : ils parlent de quelques semaines au plus, mais pour eux l'issue n'est pas douteuse. En plus du bulletin médical, le baron de Raincourt en-voie au comte de Blacas et au marquis de Dreux-

Brezé une dépêche confidentielle disant toute la vérité.

Le soir, la seconde table, c'est-à-dire le P. Bole, l'abbé Curé, MM. Huet et Frimond, dîne à la Cour.

**

Lundi 13 août

La nuit est très mauvaise, les divagations sont presque continuelles, la nourriture passe plus difficilement encore. Le médecin est de plus en plus inquiet et dit que s'il n'y a pas d'amélioration, il fera les jours suivants des bulletins beaucoup plus alarmants. Il avoue à Madame que si la pepsine ne redonne pas un peu de force à l'estomac, il n'y a plus rien à faire. Madame voit l'état de Monseigneur et parle avec un calme et une résignation qui arrachent les larmes, de la certitude de suivre bientôt son mari : « Nous avons demandé à Dieu toute no- » tre vie de mourir en même temps, ajoute- » t-elle, n'est-ce pas là le suprême bonheur ! »

Dans la journée, Monseigneur a deux vomissements, il sort, mais l'air le fatigue et en rentrant le vague du cerveau recommence. L'entourage attend la consultation du lendemain pour appeler différentes personnes, si le danger

est déclaré imminent, du reste, le comte de Blacas et le marquis de Dreux-Brezé savent l'exacte
vérité et ont tous les renseignements voulus
pour agir en cas d'événement.

L'archiduc Guillaume vient à neuf heures du
soir, seul, et en fiacre, de Neustadt, pour savoir
des nouvelles.

*
* *

Mardi 14 août

La nuit est relativement meilleure avec six
heures de sommeil ; les forces n'ont pas sensi-
blement diminué. Monseigneur prend sa pepsine et du bouillon : ce dernier avec difficulté
cependant, il n'a pas de vomissement, mais l'état
du cerveau est le même et les divagations sont
presque continuelles. On sort Monseigneur
dans le jardin pendant deux heures. Le médecin trouve que l'état général s'est plutôt un peu
relevé, mais il n'en est pas moins inquiet. Le
baron de Raincourt lui demande de nouveau
de lui dire en toute vérité s'il y a danger immédiat, le docteur Mayr répond non, et prend sur
sa responsabilité de l'avertir lorsqu'il croira le
danger assez prochain pour qu'on puisse appeler le reste de l'entourage. La situation des gentilshommes de service est très délicate ; ils sont

effrayés de rester seuls en un pareil moment :
ils savent combien tous les autres membres de
la maison voudraient ètre là et ils se heurtent à
une opposition de Madame, qui ne veut pas
qu'on trouble son mari et qui tient à conserver
pour elle seule ces derniers moments d'intimité;
elle désire que tout bruit humain cesse autour
de cette couche d'agonisant.

Le comte de Bardi télégraphie pour savoir s'il
peut arriver avec la comtesse de Bardi. Madame
est très agitée, cependant elle comprend qu'elle
ne pourra empêcher les princes de Parme de
venir, mais elle craint aussi les princes d'Orléans. Elle fait répondre au comte de Bardi d'arriver le 16, comme il était convenu.

Le Roi de Bavière envoie un de ses aides de
camp savoir des nouvelles de Monseigneur. Le
duc de Sabran vient également et repart aussitôt.

*
* *

Mercredi 15 août

La nuit se passe comme la précédente, avec
un peu moins de divagations peut-être, mais la
faiblesse progresse toujours lentement. A un
moment même, les valets de chambre craignent une défaillance. Monseigneur entend la

messe dans sa chambre et fait la Sainte Communion. On le sort dans le jardin, comme la veille.
Par moments, la connaissance de son état se
présente clairement à son esprit et alors il
s'émeut fortement. Au milieu de ses divagations,
Monseigneur parlait toujours de partir le 15
août. Madame croit que l'auguste malade espérait être guéri ce jour-là par la Sainte-Vierge et
pouvoir aller à Mariazell où il avait promis un
pèlerinage et une lampe en or pour sa guérison.
Ce qui confirme Madame dans cette croyance,
c'est que le matin même Monseigneur avait dit :
« Je ne pourrai pas partir !... » et des larmes
étaient venues dans ses yeux. Madame elle-même
ne compte que sur une intervention divine ;
elle y croit et l'espère pour aujourd'hui : sa
dernière espérance sera ébranlée si aucune grâce
ne se manifeste.

A quatre heures et demie, avant la bénédiction, on fait la procession devant le château du
vœu de Louis XIII. Madame ne pouvant y assister, la comtesse R. de Monti, puis le baron de
Raincourt, le comte R. de Monti suivent immédiatement le brancard de la Sainte-Vierge, derrière eux, un valet de pied en grande livrée.
Dans l'intérieur de la cour du château, on chante
le psaume *Exaudiat...* Comment peindre l'émotion qui étreint tous les cœurs pendant ce suprê-

S. A. R. Madame la Duchesse de BERRY

(photographie prise en 1869)

me appel à Dieu pour ce Roi, qui se défend contre les spasmes de la mort et que l'épaisseur d'un mur sépare de tous !... Il semble que ce dernier cri de détresse doive être entendu ; les larmes sont dans tous les yeux, le moment où l'arrêt de vie ou de mort doit être prononcé, paraît planer sur cette demeure, dernier asile ici-bas de l'héritier de tant de grandeurs... On attend presque un miracle ; il semble toujours que la porte de la chapelle va s'ouvrir et que Monseigneur apparaîtra... On redouble de prières... Madame elle-même est au pied de l'autel : on chante le *Domine Salvum fac Regem* avec la foi d'un désespéré. Il semble que la vie d'Henri V ne peut s'éteindre sur la terre d'exil, que Dieu lui avait assigné une autre mission à remplir, et Dieu, au contraire, semble vouloir enlever toute espérance... Monseigneur a un vomissement ; il éprouve une répugnance invincible pour le bouillon, l'abattement est extrême, la faiblesse augmente d'heure en heure.

Les reporters des journaux commencent à revenir demander de nouveau des détails.

*
* *

Jeudi 16 août

La nuit est assez bonne, les divagations sont moins fréquentes, le docteur Mayr constate plutôt un peu d'amélioration, mais la maladie n'en suit pas moins son cours, ajoute-t-il.

M. le comte de Bardi et Mme la comtesse de Bardi arrivent à 11 heures avec la baronne de Hertling et s'installent définitivement. Leur présence agite un peu Madame, ils ne sont pas reçus par Monseigneur. La journée est calme sans incident fâcheux.

*
* *

Vendredi 17 août

La nuit est très mauvaise. Monseigneur a de l'agitation, du délire et une crise de douleurs très vives dans les intestins et à l'estomac ; il ne peut plus garder la pepsine et refuse de prendre n'importe quel aliment. Le médecin, cependant, a l'air de trouver que la maladie suit son cours régulier et n'est pas surpris de ces différentes phases. Monseigneur a un peu d'enflure aux jambes et aux mains. Dans la journée, nouvelle alerte. Monseigneur a le sang très porté à la tête, il demande le médecin, qu'on envoie chercher de suite. A six heures, le docteur Mayr vient : ce moment de défaillance ne le surprend pas, il annonce même que probablement cela se renouvellera et parle de rester à coucher au château.

Madame, qui avait reçu la veille un télégramme de l'Empereur, y répond aujourd'hui. Le comte de Blacas télégraphie son départ pour Vienne ; les journaux parlent d'un nouveau voyage du comte de Paris.

*
* *

Samedi 18 août

La nuit est un peu moins mauvaise que la précédente, mais le mal fait toujours des progrès. A dix heures du matin, Monseigneur devient tout à coup très pâle, ses bras se raidissent et sa tête retombe inerte sur l'oreiller ; pendant dix minutes, on le croit mort ; enfin, Monseigneur recouvre sa connaissance, il demande les deux abbés, baise le crucifix et insiste pour recevoir la Sainte Communion. M. l'abbé Curé apporte le Saint-Viatique et après avoir demandé de nouveau pardon de ses fautes, l'auguste malade communie avec une ferveur qui édifie tous ceux qui sont présents.

Madame est très effrayée de cette syncope et ne vient pas déjeuner, ni dîner, à partir de ce moment-là, elle ne se sent plus la force d'assister aux repas et se fait servir dans ses appartements. On ne peut l'arracher du lit de Monseigneur. qu'elle ne veut pas laisser un seul instant. Elle conserve tout son calme et puise sa force dans sa foi.

La journée est un peu plus calme, grâce à de fortes doses de calmants qui arrêtent les douleurs et procurent un sommeil factice à Monseigneur. Les divagations sont à peu près les mêmes. Le docteur revient passer la nuit.

On reçoit un télégramme du comte de Damas, que Monseigneur avait désiré revoir et qui annonce son arrivée pour le lendemain avec le comte de Blacas. La reine d'Angleterre fait télégraphier par son ambassadeur pour avoir des nouvelles. Mme la comtesse de Bardi écrit à Mme la duchesse de Madrid en l'engageant à venir plus tôt que plus tard.

Le soir, le docteur trouve que le mal fait de rapides progrès.

*
* *

Dimanche 19 août

La nuit paraît assez calme, cependant quand les douleurs reparaissent, elles sont beaucoup plus vives. Dans ces moments de souffrances mêmes, Monseigneur conserve toute sa présence d'esprit. Le médecin demande qu'on fasse venir le docteur Drasch : on lui télégraphie. Quelques personnes voudraient le docteur Vulpian, mais

le baron de Raincourt craint avec raison que
cela ne froisse les médecins allemands et comme le comte de Blacas arrive, il veut lui laisser la responsabilité de cette décision. Madame
qui voit très bien l'état de l'auguste malade demande que l'on tente l'impossible, et dit que
ses neveux peuvent venir. Dans la journée.
Monseigneur reçoit le comte de Bardi ; il le
reconnaît et lui donne sa bénédiction, mais il
ne dit rien. Du reste, l'abattement est tel que
Monseigneur a presque toujours les yeux fer-
més et qu'il ne parle que pour formuler une
plainte ; il a un vomissement et quand on lui
parle de prendre un peu de nourriture, il se
couvre la figure de son mouchoir.

A six heures, les médecins Drasch et Mayr
arrivent. ils trouvent les progrès du mal
effrayants. Les traits sont devenus mauvais ;
l'enflure a augmenté, ils ne cachent pas leurs
craintes imminentes, ils assistent à une crise
nerveuse, qui leur fait presque croire que le dernier moment de l'auguste moribond est arrivé.
On télégraphie à M. le duc de Parme ; la duchesse de Madrid est également prévenue. On
parle du docteur Vulpian aux médecins. qui
cherchent à écarter ce projet ; du reste, le comte
de Blacas trouve qu'il serait presque trop tard
pour le faire venir.

Tout l'entourage est consterné par l'imminen-
ce de la catastrophe. Madame ne paraît pas le
croire encore aussi prochain.

.*.

Lundi 20 août

La nuit est relativement plus calme, sans syncope. A trois heures de la nuit, le comte de
Blacas entre dans la chambre de l'auguste malade et va au pied de son lit. Monseigneur ne
le reconnaît pas. L'horreur pour toute nourriture
est de plus en plus grande, les symptômes pré-
curseurs de la mort continuent à se manifester.

Le comte de Blacas télégraphie au comte A.
de Chevigné d'arriver, le baron de Raincourt
et le comte R. de Monti insistent pour qu'on
prévienne toute la maison ; après de vives instances, le comte de Blacas finit par y consentir,
mais il ne peut se décider à envoyer les dépêches
dès le matin. Le docteur Mayr ne veut pas encore mettre dans son bulletin « état désespéré »,
MM. de Raincourt et de Monti le regrettent ; ils
voudraient qu'on dise plus ouvertement la vérité et ne comprennent plus ces ménagements.

Mgr le duc de Parme et Mme la duchesse de
Madrid télégraphient qu'ils arrivent le lendemain mardi.

A midi et demi, Monseigneur est pris d'une syncope ; il demande le P. Bole et au milieu de ses angoisses, il ajoute « qu'ils viennent tous... tous... » Le comte et la comtesse de Bardi entrent alors les premiers. Monseigneur les reconnaît, il fait un signe de croix sur leurs fronts en ajoutant : « Je vous bénis tous les deux ». Ces messieurs étaient tous au pied du lit, alors Monseigneur, entr'ouvrant les yeux, prononce le nom de « ...Maxence... » Le comte de Damas se précipite sur la main de Monseigneur, qu'il baise avec effusion : « C'est fini !... fini !... » ajoute Monseigneur, puis il le bénit. Après le comte de Damas, le malade reprend : « Stanis... Stanislas !... » et le même adieu déchirant se renouvelle. Le baron de Raincourt s'avance alors, Monseigneur fait un signe de croix sur le front, puis le comte R. de Monti, qu'il bénit également, et pendant que ce dernier lui baise les mains, à plusieurs reprises, Monseigneur, à deux fois différentes, lui serre la main en signe d'adieu. Les messieurs, bouleversés, suffoqués par la douleur, sortent de la chambre où Madame, qui n'avait pas voulu assister à cette scène déchirante, entre aussitôt. Les traits de l'auguste moribond ont déjà repris la majesté de la mort ; un grand calme règne dans sa figure.

A deux heures, le comte de Blacas fait enfin porter les dépêches pour prévenir tous les gentilshommes de la maison. On a télégraphié aussi à Mme la grande duchesse de Toscane, qui répond qu'elle arrivera avec son frère, le duc de Parme. Enfin, on adresse un télégramme au docteur Vulpian, en le priant de venir. La journée est assez calme, Monseigneur ne prend absolument rien. Le docteur Mayr revient après deux heures d'absence coucher au château.

*
* *

Mardi 21 août

La nuit est agitée, les douleurs reprennent, la faiblesse est de plus en plus grande, une catastrophe est à craindre à tous moments. Monseigneur ne parle plus, n'ouvre presque plus les yeux. Le médecin repart à dix heures et doit revenir à une heure pour rester.

A neuf heures, M. le duc de Parme et Mme la grande duchesse de Toscane arrivent avec M. G. de Saint-Victor. Le comte de Paris télégraphie en disant qu'un sentiment de direction seul le retient, mais qu'il partage toutes les émotions de Frohsdorf. Madame lui fait répondre de suite par le comte de Blacas. Voici le texte de la réponse : « Madame la comtesse de Chambord est

» infiniment touchée et reconnaissante des dou-
» loureux hommages dont votre Altesse royale
» m'a chargé de lui offrir l'expression, en son
» nom et au nom de toute sa famille. Elle veut
» que je l'en remercie de sa part avec effusion.
» L'état de M. le comte de Chambord est si
» grave qu'il lui serait certainement impossible
» de recevoir Monseigneur, et Madame elle-
» même, épuisée de fatigue, toute à sa douleur
» et à ses cruelles préoccupations, serait hors
» d'état de le voir. Mais son cœur apprécie vive-
» ment la délicatesse des sentiments qui ont
» inspiré votre Altesse royale. » Signé Blacas...

Madame écrit de son appartement au comte
de Blacas pour lui dire qu'elle et Monseigneur
s'étaient promis qu'au moment même de la mort
de l'un d'eux, il n'y aurait personne entre eux ;
elle entend que cette volonté soit exécutée et
en cas d'une catastrophe ordonne que tout l'entourage se tienne dans le salon adjacent : elle
veut que les derniers instants de l'auguste moribond ne soient troublés par aucune préoccupa-
tion humaine et être seule à la préparer à la
mort. Le comte de Blacas fait répondre à Madame par le P. Bole son regret de ne pouvoir tenir
compte de sa défense et que lui sera là au
moment de la mort. Devant ce refus, Madame
finit par dire : « J'ai rempli la promesse que

» j'avais faite et j'ai dit la dernière volonté de
» mon mari, je ne peux pas faire plus et me
» mettre au travers de la porte. »

A une heure, Monseigneur étant de plus en
plus mal, sur son désir, on lui apporte la
Sainte Communion. Comme la première fois,
les cierges sont tenus par les gentilshommes de
service : le comte de Blacas et le comte de
Damas ; le baron de Raincourt et le comte R. de
Monti portent, l'un le parasol, l'autre l'eau bénite, ils entrent seuls dans la chambre. Dans la
pièce à côté se tiennent le duc de Parme, la
grande duchesse de Toscane, le comte et la comtesse de Bardi, la comtesse R. de Monti. Au moment où le prêtre entre, Monseigneur a un san-
glot, mais il reprend aussitôt son calme ; après
la communion, il ferme les yeux et tient son
crucifix, qui ne le quitte pas, serré sur sa poitrine. L'abbé Curé commence ensuite les céré-
monies de l'Extrême-Onction. Monseigneur
prend part à toutes les prières ; déjà, il a l'air
de ne plus exister. Toute la maison est dans
les larmes.

Avant les derniers sacrements, à midi, Monseigneur avait reçu M. le duc de Parme et Mme
la grande duchesse de Toscane ; il les avait reconnus et bénis.

Madame est très mécontente de la volonté du comte de Blacas d'assister aux derniers moments de Monseigneur ; elle fait promettre à ses neveux de ne pas entrer dans la chambre avant qu'elle ne les appelle.

Toutes les mesures sont prises par l'entourage en cas d'un événement, devenu désormais imminent. A six heures du soir, Madame, revenant sur sa décision, à l'égard des Princes, fait venir le comte de Blacas et lui dit que les Princes et les personnes de l'entourage peuvent venir dans le salon, à côté de la chambre, et que lorsque Monseigneur aura à peu près perdu connaissance, on pourra entrer dans le salon gris, en restant à une certaine distance du lit. Après cet entretien, le comte de Blacas entre dans la chambre de Monseigneur, qui le reconnaît, le bénit et lui donne son crucifix à baiser.

A neuf heures du soir, Mme la duchesse de Madrid arrive avec la princesse Massimo et le duc Della Grazia. La soirée est assez calme, Monseigneur souffre moins, il a toute sa connaissance, mais la mort avance toujours lentement ; cependant, le docteur Mayr, qui couche, comme la nuit précédente, au château, ne croit pas à un événement pour la nuit.

*
**

Mercredi 22 *août*

La nuit se passe sans souffrances, Monseigneur s'éteint sans secousse. Cependant, à midi, il a une crise nerveuse très forte ; on applique sur lui une relique de Sainte-Tunique ; tout le monde se réunit alors à la chapelle pour prier devant le Saint-Sacrement, qui est exposé. Madame elle-même vient au pied de l'autel, elle fait peine à voir et pourtant elle est très maîtresse d'elle-même.

Mme la duchesse de Madrid entre chez Monseigneur, qui la reconnaît, lui serre la main trois fois et la bénit, mais il ne prononce pas un mot. La duchesse de Madrid trouve la respiration difficile. le médecin, du reste, a reconnu le catarrhe qui, probablement, amènera la mort.

Mme la duchesse de Madrid explique comment elle n'a pu arriver plus tôt. Don Carlos, furieux, paraît-il, de ne pas être appelé, voulait venir, malgré la défense de Mme la comtesse de Chambord. Mme la duchesse de Madrid, obligée de lutter contre la volonté de son mari, ne put prendre le train par lequel elle s'était annoncée. Don Carlos partit alors avec elle par le second train et s'arrêta à Gratz, où il attend les événements.

Dans la journée, Monseigneur dort d'un sommeil assez paisible. A sa visite de cinq heures, le médecin trouve le catarrhe presque complètement disparu, le cerveau est parfaitement net. Monseigneur prononce quelques paroles et prend trois cuillerées de jus de viande concentré ; il n'en souffre pas et se rendort encore pendant plusieurs heures. Les traits de la figure sont meilleurs.

Madame a repris confiance. On remarque que le même jour les pèlerins auxquels on a demandé des prières sont à Lourdes et que le lendemain, les zouaves doivent être à Paray-le-Monial : on veut espérer un miracle contre toute espérance.

Le comte Adhéaume de Chevigné arrive.

*
* *

Jeudi 23 août

La faiblesse est de plus en plus grande, pendant la nuit, Monseigneur a une syncope, cependant il prend cinq cuillerées de jus de viande : le matin, il tombe dans une grande prostration et à midi, sous l'influence d'un violent orage, il se produit une crise, qu'on croit être la dernière. Monseigneur n'y voit plus, il semble qu'il va entrer en agonie ; tous les princes, toute la

maison se réunissent dans la chapelle, toutes les
cinq minutes quelqu'un va à l'antichambre savoir des nouvelles, qu'on se communique avec
la fièvre du désespoir. Le Saint-Sacrement est
exposé depuis le matin. Madame vient encore
s'unir aux prières de tous les fidèles pendant
quelques secondes. Tout l'entourage est réuni,
prêt à descendre dans le salon gris et pour ajouter encore au saisissement que chacun éprouve,
le tonnerre gronde au-dessus du château, le
soleil est voilé par les nuages, l'atmosphère est
bouleversée comme si à défaut des grandeurs
humaines, qui ne peuvent entourer cette mort,
la nature eût voulu faire entendre, à la place
du canon, la grande voix de sa perturbation...
Enfin, après deux heures de crise et d'angoisse,
le calme revient un peu. Monseigneur reprend
connaissance, mais le moment suprême n'est
que retardé.

Le matin, étaient arrivés : le comte de Sainte-
Suzanne, M. Edouard de Cazenove, le général
baron de Charette, le comte de la Viefville, le
comte Henri de Monti de Rezé, le comte de
Saint-Pierre, MM. du Bourg et Barrande.

A cinq heures, on se réunit pour dire les priè-
res des agonisants, le médecin craignant que
Monseigneur n'expire entre six et sept heures.
Les princes, la maison au grand complet, sont

dans le cabinet de Monseigneur ; les deux abbés seuls restent dans le salon gris (chambre de Monseigneur). L'auguste moribond suit très bien les prières, mais il n'y voit plus, on peut dire qu'il s'éteint dans la paix du Seigneur. On décide qu'il y aura adoration nocturne du Saint-Sacrement à la chapelle ; tous ces messieurs s'inscrivent pour une heure.

En sortant de dîner, à huit heures, le docteur Mayr dit qu'il croit que Monseigneur mourra d'ici un quart d'heure. Les princes, tout l'entourage reviennent dans le cabinet, dont la porte donnant dans la chambre est ouverte ; le comte de Blacas entre dans la chambre. On fait la recommandation de l'âme : c'est Madame elle-même qui, tenant la main de Monseigneur dans les siennes, l'exhorte, dit les prières et s'élève dans le ciel avec lui ; sa voix est douce et calme, sa force est au-dessus de tout ce que l'on peut imaginer : elle ne cesse de prier à haute voix et Monseigneur lui répond encore par une légère pression de mains. Tout l'entourage pleure.

Vendredi 24 août

Personne ne se couche, Monseigneur s'éteint sans la moindre souffrance, dans la paix la plus profonde, sa respiration seule s'affaiblit. Enfin, à 7 heures 27 minutes, il rend sa grande âme à Dieu ! !

Les princes, le duc Della Gratzia, la princesse Massimo, la comtesse Zileri (cette dernière arrivée la veille au soir) entourent le lit de Monseigneur, les gentilshommes de service se tiennent à la porte et se remplacent. Madame, à bout de forces, dit au comte de Blacas de fermer les yeux de l'auguste mort. On a de la peine à retrouver les traits de celui qui n'est plus, le changement est énorme.

Après vingt minutes de prières, Madame veut se retirer dans sa chambre, tout le monde sort pour lui laisser le passage libre, puis ensuite chacun va baiser la main de Monseigneur sur son lit de mort avant qu'on ne procède à l'arrangement de la chambre.

Voici les noms des personnes qui étaient dans l'appartement au moment de la mort :

S. A. R. Mgr le duc de Parme ;

Leurs A. R. Mgr le comte de Bardi et Mme la comtesse de Bardi,

Mme la duchesse de Madrid,

S. A. I. R. la grande duchesse Alix de Toscane,

Le duc Della Grazia,

La princesse Massimo,

La comtesse Zileri,

Madame la Comtesse de CHAMBORD
née Princesse de MODÈNE

Le comte de Blacas,

Le comte de Damas d'Hautefort,

Le baron de Raincourt,

Le comte René de Monti de Rezé,

Le comte de Sainte-Suzanne,

M. Edouard de Cazenove de Pradines,

Le comte Adhéaume de Chevigné,

Le vicomte de Méhérenc de Saint-Pierre,

M. Joseph du Bourg,

Le comte Henri de Monti de Rezé,

Le général baron de Charette,

Le comte de la Vifville,

Le comte Gabriel de Saint-Victor,

La baronne de Hertling,

M. Barrande,

M. Huet du Pavillon,

M. Frémond,

Le R. P. Bole,

M. l'abbé Curé,

Le docteur Mayer,

A neuf heures et demie, il y a un service à la chapelle, Madame y vient, elle va ensuite chez ses neveux ; elle leur parle avec un calme, une résignation sublime. Elle voit aussi la princesse Massimo, la comtesse Zileri et leur donne la bénédiction, au nom de Monseigneur. Les princes n'assistent pas au déjeuner, tout le monde pleure en regardant la place vide du Roi, qui ne sera plus jamais occupée.

Après le déjeuner, Madame fait venir la comtesse R. de Monti et la garde une demi-heure , elle s'épanche avec elle, parle de l'union si intime qui existait entre elle et Monseigneur, de ses 37 années de bonheur et maintenant de sa certitude de la béatitude de celui qu'elle pleure. Elle pense aussi à la douleur de tous ceux qui l'entourent, à la France pour laquelle Monseigneur était si nécessaire.

Des dépêches partent pour toute la France, les princes, le monde entier...

A neuf heures, une heure et demie après la mort, le docteur Vulpian arrive avec le comte Maurice d'Andigné. Dans la journée, des Français viennent déjà : la baronne de Charette, le duc de Sabran, le vicomte de Puget, etc..., puis le général Cruzich.

Monseigneur est étendu, en habit noir, avec les insignes de l'ordre du Saint-Esprit, sur un lit entièrement recouvert de draperies noires, il tient sur sa poitrine le crucifix qui a reçu son dernier soupir et sa dernière prière. Dans l'antichambre, se tiennent deux valets de pied, à la porte, le chasseur de Monseigneur : au pied du lit, un autre valet de pied et toujours deux des gentilshommes de service, en prière.

A trois heures, le grand maréchal de la Cour d'Autriche vient pour une première ouverture du testament, qui doit être tenue secrète, afin de savoir s'il y a des clauses particulières pour les obsèques. L'ouverture a lieu devant le comte de Blacas, le baron de Raincourt, le comte R. de Monti, MM. Barrand et Huet, secrétaires ; un membre du grand maréchalat et un secrétaire amené par lui (1).

L'entourage, désirant voir faire l'autopsie, demande à Madame par le comte de Blacas si elle s'y opposerait. Madame répond qu'elle désirerait que cela n'eût pas lieu ; pour tout concilier, comme on doit faire l'embaumement le dimanche suivant, on décide qu'on ouvrira d'abord l'estomac, afin d'examiner les parties malades et de pouvoir constater la tumeur cancéreuse, ce qui permettra de faire un procès-verbal assez sérieux pour réfuter toutes les suppositions erronées.

A six heures, les Princes et Princesses reçoivent dans leurs appartements toute la maison de Monseigneur, qui vient en corps leur offrir leurs compliments de condoléances.

Dans la journée, Don Carlos télégraphie qu'il arrivera le soir avec son frère l'Infant don Alphonse et l'Infante. Comme on ne peut les lo-

---

(1) Note 4, principales clauses du testament.

ger au château, on envoie M. de Saint-Victor au devant d'eux pour les en prévenir ; ils viennent quand même, sont reçus par les princes de Parme, qui les mènent dans la chambre mortuaire et voient un instant Madame. puis ils repartent.

Le marquis de Foresta, le comte H. de Lucchési (fils du duc Della Grazia), M. Urbain de Charette arrivent le soir.

*
* *

Samedi 25 août

Le matin, à sept heures et à sept heures et demie, deux messes se disent dans la chambre mortuaire. Madame, les Princes, tout l'entourage y assistent. Les traits de l'auguste défunt sont encore intacts et conservent leur royale grandeur.

A neuf heures et demie, a lieu la grand'messe de Saint-Louis à la chapelle. Don Carlos, accompagné de son frère l'Infant don Alphonse et de l'Infante, suivis de trois messieurs, y assistent. L'archiduchesse Elisabeth, ex-belle-sœur de Madame et belle-mère d'Alphonse XII, arrive avec la comtesse Taff au moment où la messe commence. Madame, d'abord, ne veut pas la recevoir dans la tribune, à cause de la présence de don

Carlos ; puis, l'archiduchesse s'étant mise dans le bas de la chapelle, Madame la fait monter et va la voir ensuite dans l'appartement de la grande duchesse Alix. L'archiduchesse Elisabeth repart, du reste, aussitôt.

Madame reçoit des télégrammes de l'Empereur, de tous les archiducs, de plusieurs souverains.

On prépare le salon rouge pour faire la chapelle ardente où le corps de Monseigneur sera transporté aussitôt l'embaumement. On dépose un registre dans un salon, au rez-de-chaussée, où les visiteurs viennent s'inscrire. Madame s'occupe de tout et conserve un grand calme.

Au fumoir, les discussions politiques recommencent : MM. du Bourg et d'Andigné veulent écarter à toute force les princes d'Orléans ; ils ont même fini par indisposer les princes et princesses de Parme contre les princes d'Orléans et contestent maintenant des droits qu'ils reconnaissaient parfaitement hier. On sait que l'arrivée du Comte de Paris et de sa suite est annoncée à Vienne pour le lundi soir 27. Le reste de l'entourage déplore ces divisions.

Le soir, à la bénédiction, on ne chante plus le psaume *Exaudiat*, ce qui fait couler encore bien des larmes.

Le comte de Damas va à Vienne passer la

journée pour commander et examiner les différentes choses pour la cérémonie et pour faire une démarche de politesse près de l'Empereur, au nom de Madame. Le prince Léo Tascil, qui le reçoit, dit au comte de Damas que l'intention de l'Empereur serait d'assister à la cérémonie de Frohsdorf en personne, et d'envoyer toutes les voitures de deuil, de gala de la cour. De son côté, le Pape a télégraphié au Nonce de le représenter à la cérémonie funèbre et d'officier en ses lieu et place

*
* *

Dimanche 26 août

Deux messes se disent, comme la veille, dans la chambre mortuaire, auxquelles tout le monde assiste. Les traits de l'auguste défunt sont très changés ; on est obligé de répandre du chlore et de l'acide phénique.

Don Carlos, l'infant et l'infante, viennent pour la messe de huit heures et demie, ainsi que le grand duc de Toscane, en grand uniforme de général autrichien. La grande duchesse mère envoie son grand maître demander quand elle pourra être reçue par Madame.

Après la messe, lorsque tout le monde s'est retiré, le général de Charette, accompagné de tous les zouaves présents, vient déposer un instant l'étendard du Sacré-Cœur sur le corps de Monseigneur, en jurant de garder toujours intact l'honneur de ce drapeau. MM. de Cazenove, le mutilé de Patay, le comte R. de Monti, MM. du Bourg et d'Andigné, étaient naturellement présents à cet émouvant adieu.

A onze heures, les docteurs Vulpian, Drasche, Mayr et un spécialiste de Vienne procèdent à l'embaumement. Le comte de Blacas et le baron de Raincourt y assistent. Les médecins sont surpris de ne trouver ni cancer, ni tumeur cancéreuse ; ils constatent seulement une immense inflammation qui avait provoqué dans l'œsophage des points ulcérés, au fur et à mesure que ces derniers guérissaient d'un côté, ils reparaissaient de l'autre, de plus une atrophie des reins et une dégénérescence graisseuse du cœur : deux maladies également mortelles. Enfin, les docteurs croient que l'accident survenu le 25 mars à Monseigneur n'était autre chose qu'une phlébite, laquelle était remontée à l'estomac.

L'embaumement est très bien fait : la figure reprend ses traits primitifs et l'auguste défunt est transporté devant les gentilshommes de service dans le salon rouge transformé en chapelle ardente.

Le salon est entièrement tendu de noir en

forme de rotonde : le plafond est garni d'un immense ciel, frangé de drap noir ; toutes les cordelières sont noires, frangées d'argent. Monseigneur est en habit avec les insignes de l'Ordre du Saint-Esprit. Au-dessus de sa tête, se trouvent un drapeau blanc fleurdelysé et le drapeau des zouaves : au pied du lit, d'immenses couronnes, dont les premières ont été données par le comte d'Osmond, les pauvres de Wʳ Neustadt, le grand-duc, etc., etc... D'un côté du lit, se tiennent deux gentilshommes de la maison en prières ; de l'autre côté, un garde, debout, en uniforme. On entre par le salon des Oiseaux, également tendu de noir, et on ressort par la porte donnant sur la terrasse. Toute la journée, une foule énorme et émue, défile devant le corps. Tous les journaux envoient des reporters.

Les habitants du village de Frohsdorf et des environs témoignent une douleur touchante ; presque toutes les maisons ont un drapeau noir et jusqu'à Winer-Neustadt, sur le parcours de la route, ces signes de deuil frappent les regards des visiteurs et montrent les regrets unanimes de la population.

Les obsèques sont décidées pour le lundi 3 septembre, à Goritz. Le samedi, un service solennel, présidé par le Nonce et où assistera l'archiduc Charles-Louis, délégué par l'Empereur, sera célébré à Frohsdorf ; le cercueil y restera jusqu'au lendemain dimanche, pour partir ensuite pour Goritz, où il sera déposé à la cathédrale ; là il restera de huit heures du matin à quatre heures du soir, puis ensuite on le montera à la Castagnavizza.

Madame est très agitée, très énervée ; elle décide de renvoyer tous ces Messieurs de Goritz même.

A cinq heures, don Carlos, l'Infant et l'Infante partent pour retourner à Gratz. Le grand-duc reste à dîner et part ensuite.

Madame reçoit des masses de télégrammes, un entre autres du Roi de Grèce, au nom de toute sa nation. Le marquis Tacoli vient, envoyé par la duchesse de Modène, belle-sœur de Madame.

*
* *

Lundi 27 août

Les messes se disent dans la chapelle ardente, Madame n'y assiste plus et ne vient plus auprès du corps depuis l'embaumement. La grande duchesse mère arrive au moment de la messe de neuf heures et demie. Madame la reçoit dans la journée, puis viennent aussi l'archiduc

Charles Salvator et le Roi de Naples. Madame, fatiguée, ne les reçoit pas.

Le comte de Blacas reçoit une dépêche de M. le comte de Paris, lui demandant s'il peut venir le lendemain mardi. Cette demande réveille toutes les discussions qui roulent, surtout sur la place à donner à M. le comte de Paris au convoi. Les princes de Parme sont très montés, ne veulent pas céder leur prétendue préséance de neveux directs et tiennent à passer les premiers. L'entourage, le comte de Blacas, en tête, voudrait que la première place fut donnée à M. le comte de Paris, comme héritier de la couronne, seuls MM. du Bourg et d'Andigné, soutiennent les princes de Parme dans leur opposition. Le comte de Damas craint avec raison que cette question ne reste pendante et que des difficultés en surgissent au dernier moment. Il va à Vienne pour surveiller l'exécution de tous les préparatifs pour le convoi : c'est lui qui en est complètement chargé. Le comte Adhéaume de Chevigné et le comte d'Andigné partent pour Goritz où Obry père (Charlemagne) est déjà rendu. Madame fait ses adieux au comte Maurice d'Andigné. La duchesse Della Grazia vient au château et y reste jusqu'au lendemain.

Le comte René de Vibraye arrive. Beaucoup

de visiteurs viennent dans la journée. On commence à tendre la chapelle du château, qui prend tout entier un aspect de deuil et de tristesse.

*
* *

Mardi 28 août

Toute la maison est très surexcitée par l'arrivée de M. le comte de Paris à deux heures et demie. Le parti qui le repousse et dont M. Joseph du Bourg est à la tête, se montre de plus en plus mécontent contre le reste de l'entourage qui a le devoir de recevoir M. le comte de Paris. Les princes eux-mêmes sont très montés ; le duc de Parme déclare qu'il se retire à Wartess si on fait passer un d'Orléans avant lui. La princesse Marguerite (1) prévient le comte de Blacas que son mari, voulant toujours faire parler de lui, est décidé à faire un esclandre et qu'on peut tout en redouter. Le comte de Blacas réunit alors en conseil le marquis de Foresta, le baron de Raincourt, le duc Della Grazia, le comte R. de Monti, M. de Cazenove, le comte de Damas et le plan de conduite suivant est adopté : Le

---

(1) Duchesse de Madrid.

comte de Blacas parlera à l'envoyé des princes (M. Bocher), et lui dira que la maison de Monseigneur reconnaît sans hésitation les droits de M. le comte de Paris, seulement qu'en raison des difficultés qui pourraient surgir entre les princes au sujet de la première place, d'un autre côté, que le rôle de prétendant n'étant peut-être pas très facile à prendre en Autriche, enfin, toutes les choses pour et contre étant pesées, le comte de Blacas proposera que la question de famille prime la question politique, et que la première place soit donnée au duc de Parme et au comte de Bardi, qu'ensuite viendraient les neveux par alliance : Don Carlos et le grand duc de Toscane.

Une foule énorme envahit le château ; deux trains supplémentaires amènent les curieux de Vienne ; du reste, ils manifestent la plus respectueuse sympathie. De nombreuses couronnes sont apportées par le Roi de Naples, les pompiers de Neustadt, les sociétés chorales, continuellement arrivent des députations des environs.

A deux heures, les voitures du château, avec la grande livrée, vont chercher les Princes à W^r Neustadt. Le comte de Paris, son fils le duc d'Orléans, le duc de Nemours, le prince de Joinville, le duc d'Alençon avec MM. Bocher et d'Harcourt, sont reçus à la porte de Froshdorf par toute la maison, moins les quelques dissidents.

Le comte de Blacas mène les Princes près du corps de l'auguste défunt, ils sont émus et embarrassés ; M. le comte de Paris et M. le duc d'Alençon sont plus particulièrement émotionnés. Les Princes sont ensuite reçus dans le salon de Mme la duchesse de Madrid par tous les princes de Parme réunis, moins M. le comte de Bardi, qui est souffrant et couché. Ils restent un quart d'heure ensemble.

Pendant ce temps, M. de Blacas est en pourparlers avec M. Bocher. Ce n'est pas sans peine qu'on arrive à une transaction, le duc de Parme ne voulant faire aucune concession. M. Bocher, au nom des princes d'Orléans, se montre bien et demande seulement pour M. le comte de Paris une place qui, sans être trop en évidence, donne cependant satisfaction à son parti et à son amour-propre personnel ; il ne voudrait pas avoir le sixième ou le septième rang.

A 4 heures ½, les Princes repartent.

*
* *

Mercredi 29 août

Une foule de Français, la tête de l'aristocratie, vient dans la journée ; la douleur de tous ces royalistes est navrante à voir. MM. Bocher et de Bondy, qui sont attachés aux princes d'Orléans, viennent également prier près du corps de Monseigneur.

Madame, qui avait reçu, la veille, une lettre de condoléances de Mme la comtesse de Paris, apportée par son mari, y répond télégraphiquement, dans les termes suivants : « Mon cœur » est brisé, je n'ai que la force de vous remer- » cier par le télégraphe de si bien comprendre » et partager l'immensité de mon malheur et » de me montrer par la lettre que je viens de » recevoir de vous une si affectueuse sympathie » dans cette douloureuse circonstance. — Signé » Comtesse de Chambord. »

Une nouvelle réunion est tenue chez le comte de Blacas et après plusieurs entretiens avec le duc de Parme, on arrête ainsi la question de préséance : le duc de Parme, Don Carlos, le Roi de Naples et le comte de Paris, représentant les quatre branches de Bourbon, marcheront ensemble derrière le représentant de l'Empereur. Cette proposition doit être écrite par le comte de Blacas à M. Bocher.

*
* *

Jeudi 3o août

Deux messes se disent toujours dans la chapelle ardente. Les visiteurs français sont de
plus en plus nombreux, citons : Duc et duchesse de Sabran, duchesse d'Uzès, duc de Bissacia, duc de Fitz-James, M. de Carayon-Latour,
vicomte des Cars, duc de la Trémoille, marquis
de Rambure, comte de Mun, marquis de la Ro-
chejaquelein, baron Tristan-Lambert, etc., etc...

Dans la journée, M. le duc de Parme reçoit
les ducs de Fitz-James, de Bissacia, de la Trémoille et là se place un incident regrettable.
Dans le courant de l'audience, M. le duc de
Parme ayant prononcé cette phrase : « La perte
» de mon oncle est un malheur irréparable
» pour nous, irréparable surtout pour la Fran-
» ce ! » le duc de Fitz-James reprit alors :
« Monseigneur le comte de Chambord, sur son
» lit de mort, nous a donné un bel exemple à
» suivre : avec une présence d'esprit admirable
» il a su relier le passé au présent et maintenant
» du moins nous pouvons crier : Vive le Roi ! »
A ces mots, M. le duc de Parme, froissé, ré-

pondit assez vivement : « Il faudrait attendre » du moins que mon oncle soit dans le tom- » beau », et il congédia ces messieurs.

Après l'audience, le duc de Parme est très monté par les propos du duc de Fitz-James : il s'entête de plus en plus par colère et par amour-propre dans ses prétentions de préséance. A un moment, le comte de Blacas est sur le point de se retirer. Toutes ces difficultés sont de plus en plus pénibles pour l'entourage, que l'obstination de M. le duc de Parme met dans une très fausse position vis-à-vis de la France.

A 3 heures, arrive M. le duc de Chartres ; il va dans la chapelle ardente et est reçu par les princes de Parme. Il fait venir ensuite le général de Charette et cause pendant une heure avec lui.

M. Bocher devait accompagner M. le duc de Chartres à Frohsdorf. Au moment de monter en voiture avec lui, à Vienne, il reçoit la lettre du comte de Blacas, lui faisant part de la combinaison des quatre chefs de branche marchant sur la même ligne. M. Bocher fait dire alors au comte de Blacas qu'il va parler de cela à M. le comte de Paris et qu'il viendra lui donner la réponse à Frohsdorf dans la journée du lendemain.

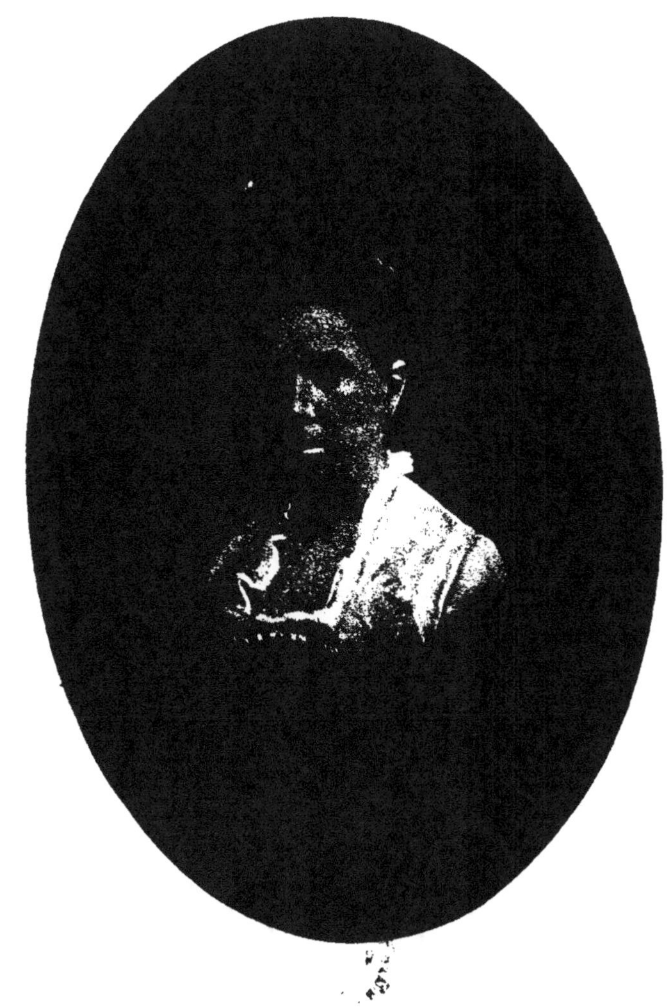

Comtesse Rᴇɴᴇ́ de MONTI de REZÉ

L'archiduchesse Marie-Thérèse, femme de l'archiduc Charles-Louis et sœur de Mme la comtesse
de Bardi, vient avec la comtesse Zichy ; mais
elle repart à 6 heures du soir.

*
* *

Vendredi 31 août

On apprend que M. le comte de Paris a noti-
fié aux puissances la mort de M. le comte de
Chambord, en se posant comme son successeui ;
sa note est signée : « Philippe, duc d'Orléans ».
La plupart des puissances ont répondu de suite,
dit-on, même l'Allemagne. Le comte de Blacas
voit dans cette démarche une manifestation de
son droit, dont probablement M. le comte de
Paris voudra user pour avoir la première place
aux obsèques. Il craint que des négociations
entamées ne puissent aboutir à un commun accord. Dans le milieu de la journée, en effet,
M. Bocher vient et dit que M. le comte de Paris
accepte de marcher avec les autres princes,
mais à la condition d'avoir la première place
à droite. Le duc de Parme refuse obstinément et
va trouver Mme la comtesse de Chambord :
d'après son récit, Madame l'engage à ne pas
céder. Le duc de Parme revient donc plus atta-

ché que jamais à ses prétentions. M. Bocher
répond alors que les princes n'assisteront pas
aux funérailles et que, probablement, tout un
groupe de notabilités françaises les suivront. Le
comte de Blacas, qui comprend toute la portée de cet acte et qui voudrait éviter avant tout
une esclandre, veut encore essayer d'arriver à
un compromis. Il parle à Mme la duchesse de
Madrid et lui demande en grâce d'user de son
influence pour faire céder son frère, mais Mme
la duchesse de Madrid est elle-même très agitée
et très montée. Les Princes sont très froids avec
les personnes de l'entourage, qui sont d'un avis
opposé au leur. La situation est de plus en plus
tendue. Sur les entrefaites, on apprend que
l'Empereur est allé voir le premier M. le comte
de Paris.

A 4 heures, arrivent l'Infant et l'Infante don
Alphonse : ils restent à dîner avec les Princes.

A 6 heures ½, vient le modeleur qu'on avait
demandé à Vienne, pour prendre le masque de
Monseigneur, avant la mise en bière. Le comte
de Blacas, le baron de Raincourt, le comte R.
de Monti assistent à l'opération, qui paraît bien
réussie. Immédiatement après, on procède à la
mise dans le cercueil. Le duc de Parme, le
grand-duc de Toscane, la grande-duchesse de

Toscane, la duchesse de Madrid, l'Infant et l'Infante, la comtesse de Bardi, sont présents. Sont aussi là, en plus, le marquis de Foresta, le comte de Damas, le général de Charette. C'est Ferdinand Obry qui fait la dernière toilette de l'auguste défunt et, aidé des deux valets de pied Petit-Jean et Rondo, il le met dans le cercueil ; les pauvres gens sanglotent, les gardes, au complet, en grand uniforme, qui attendant dans le salon pour transporter la châsse, sont aussi dans les larmes. La soudure du cercueil dure assez longtemps ; enfin, à 8 heures, toutes les personnes de l'entourage, la princesse Massimo, la comtesse Ziléri, la comtesse R. de Monti, la baronne Hertling, les Français présents au château se réunissent autour de la châsse, un cierge allumé à la main, dans le salon rouge. Le silence de la douleur règne au milieu de tous ; l'abbé Curé seul élève la voix pour faire la levée du corps, puis tous les hommes sortent et forment la haie de la porte du salon à la chapelle. Le cercueil passe au milieu de ces deux rangées de fidèles, porté par les gardes, suivi par les princes et les dames d'honneur. Comment peindre le déchirement de cœur de tous ! le tableau lugubre et saisissant de cette cérémonie, exécutée à la lueur des flambeaux, dans le silence et l'obscurité !...

Après un *de profundis*, le corps est placé sur le catafalque et est veillé toute la nuit par les capucins.

Madame répond par la dépêche suivante à une lettre de la princesse de Joinville : « Accablée » par la douleur, je ne suis capable que de vous » remercier par télégraphe de la lettre que vous » m'écrivez pour m'exprimer vos sentiments, » dont je suis bien touchée. — Signé : Com- » tesse de Chambord. »

A minuit, le comte de Blacas sort de chez M. le duc de Parme, n'ayant rien pu obtenir au su- jet de la question de préséance ; la surexcitation des Princes est de plus en plus grande : on craint une esclandre pour le lendemain.

*
* *

Samedi 1ᵉʳ septembre

Le comte R. de Monti va au-devant des prin- ces et archiducs, à Wʳ Neustadt. L'archiduc Char- les-Louis, frère de l'empereur, est particulière- ment aimable pour lui. A 9 heures, à peu près tous les princes arrivent et montent dans les

appartements des princes de Parme ; le nonce
se rend également dans le salon qui lui est préparé. Là, on va le chercher processionnellement
et l'office commence. Le représentant de l'empereur occupe un prie-Dieu en avant, puis devaient venir le duc de Parme, le roi de Naples,
son beau-frère, l'Infant, le comte de Paris. Au
moment de prendre place, le roi de Naples fait
passer le comte de Paris devant lui, ce qui le
met au deuxième rang, à côté du duc de Parme.
Celui-ci est blanc de colère.

En face du duc de Parme, se tiennent les
princes toscans et les archiducs, dans l'ordre
suivant :

L'archiduc François d'Autriche Este (fils aîné
de l'archiduc Charles-Louis.

Le grand-duc de Toscane,

L'archiduc Charles Salvator et ses deux fils,

L'archiduc Léopold,

L'archiduc François,

L'archiduc Régnier,

L'archiduc Guillaume,

Le comte Saraceni, représentant de l'impératrice Marianne,

Le marquis Tacoli, représentant de la duchesse de Modène.

Le colonel Folger, représentant le duc de
Chamberland.

Le colonel de Montenach, représentant du duc de Wurtemberg,

Le prince Louis-Ferdinand de Bavière,

Dom Miguel de Bragance,

Du même côté que les neveux de Monseigneur. et derrière eux, se trouvent tous les princes d'Orléans.

Aux quatre coins du catafalque, se tiennent debout : le comte Henri de Monti et le comte Henri de la Bouillerie aux pieds ; le comte René de Vibraye et le comte René de Monti à la tête ; entre ces deux derniers, se trouve le comte de Blacas.

Le grand collier du Saint-Esprit est déposé sur un coussin sur le cercueil. La châsse a une grande croix blanche sur un fond de velours noir semé de fleurs de lys d'argent. Au-dessus de la croix, une plaque en argent sur laquelle est gravée l'inscription suivante :

« Corps de très haut et très excellent prince
» Henri. cinquième du nom, comte de Cham-
» bord, par la grâce de Dieu, roi de France et
» de Navarre, né à Paris le 20 septembre 1820,
» mort à Frohsdorf le 24 août 1883. »

Sur les quatre faces du catafalque, sont appliquées les armes de France qui ressortent également en cartouche sur les tentures noires des murs. Au fond de la chapelle, le drapeau blanc et le drapeau de zouaves pontificaux sont placés, l'un à gauche, l'autre à droite.

Dans la tribune, se tiennent les princesses avec leurs dames d'honneur, dans l'ordre suivant :

Travée du milieu :

L'archiduchesse Elisabeth,
L'archiduchesse Marie Régnié et la grande-duchesse de Toscane mère.

Travée de droite :

L'archiduchesse Marie-Thérèse,
L'infante,
Mme la comtesses de Bardi.

Travée de gauche :

La princesse de Cobourg-Cohary,
La grande-duchesse Alix, de Toscane,
Mme la duchesse de Madrid.

De plus, au second et au troisième rangs, étaient les dames d'honneur et les Françaises dont les nom suivant :

Comtesse Zichi,
Baronne Lazarini,
Comtesse O'Donnel,
Comtesse Daun,
Baronne Trantenberg,

Princesse Massimo,

Comtesse Ziléri,

Duchesse Della Grazia,

Comtesse R. de Monti,

Comtesse Christine de Cibeins,

Comtesse Ad. de Chevigné,

Baronne de Charette,

Duchesse de Sabran,

Mme de Montbel,

Baronne Hertling.

Après l'office, les princes se réunissent tous dans les salons de Mme la duchesse de Madrid où un déjeuner froid est servi. Toutes les dames d'honneur, les chambellans, les Français entrent dans les salons d'en bas où de grandes tables, couvertes de viandes froides, sont dressées, dans la salle à manger et dans le salon aux oiseaux ; les gentilshommes de la maison de Monseigneur font les honneurs et s'occupent des étrangers. Le Nonce mange avec le clergé. A midi, la plupart des princes repartent.

Au moment où M. le comte de Paris allait devant le château remonter en voiture, le bruit se répand que, devant la situation qui lui est faite, il n'assistera pas aux funérailles à Goritz. Le duc de La Rochefoucault Binaccia se détachant alors d'un groupe, composé du général de Charette, du comte R. de Monti, du comte

Albert de Mun, du marquis de Foresta, du ba-
du comte de Chevigné, d'Edouard de Cazenove.
se tourna vers M. le comte de Paris et prononça
la phrase suivante :

« Monseigneur, au nom du général de Cha-
» rette, de ces Messieurs, et de tous les Français
» qui sont ici, je vous supplie d'aller à Goritz et
» d'y faire valoir vos droits à la première
» place. »

Charette s'avance à son tour et ajoute :

« Vous avez fait appel tout à l'heure à l'hom-
» me de cour, je ne suis rien ici, mais c'est
» l'homme de cœur qui vous prie de ne pas
» partir. »

Le comte de Paris, visiblement ému, répon-
dit alors :

« Je croirais manquer à la mémoire de l'au-
» guste et cher mort, qui est encore ici, dans
» la chapelle, si je ne réclamais pas pour la
» France la première place après le Représen-
» tant de Sa Majesté l'Empereur. » Et après un
moment d'arrêt, le comte de Paris reprit :

« Mais je ne pars pas, j'attendrai et je veux
» espérer encore que tout s'arrangera. »

Les circonstances cependant ne semblent pas
indiquer la solution que tout le monde désire
et la position est de plus en plus tendue. Le
roi de Naples, qui était resté plus longtemps, se

trouvait devant la porte du château, causant avec le marquis de Foresta lorsque l'Infant et M. le duc de Parme vinrent à passer ; ce dernier a l'inconvenance, devant tous les domestiques, de passer outre en ôtant à peine son chapeau et en disant simplement « adieu ». D'autre part, le comte de Bardi, sachant l'incident de la chapelle, ferme, de colère, sa porte au Roi de Naples ; aussi, ce dernier déclare qu'il n'ira pas à Goritz. Cependant, le matin, avant l'office, M. le duc de Parme, sollicité par ces Messieurs, avait fini par dire qu'il abandonnait la préséance, mais que ce serait au chef de la famille de Bourbon que reviendrait la première place, quitte à celui-ci à l'abandonner s'il le voulait. Le comte de Damas avait saisi cette occasion pour dire : « Monseigneur nous permet-il, dans » ces conditions, de prendre acte de cette pa- » role et de faire des démarches près de don » Carlos pour sonder ses intentions ? »

« Faites ce que vous voudrez, avait répondu » le duc de Parme, je resterai en dehors de la » question. »

On décide alors que le comte de Damas et le général de Charette iraient trouver le lendemain, à Gratz, don Juan ou don Carlos pour obtenir d'eux la solution demandée par M. le comte de Paris. Mais, à trois heures, Madame, après un entretien avec M. Huet, qui était de nationalité suisse, fait venir tous les princes de Parme et leur fait promettre de ne pas abandonner leur préséance, puis elle fait descendre le comte de Blacas et lui signifie que sa volonté est que la question de famille prime la question politique à Goritz, et qu'elle ne veut pas que le comte de Paris prenne la première place, Monseigneur, ajouta-t-elle, avait toujours désiré un enterrement très simple et elle n'entend pas se prêter aux manœuvres des princes d'Orléans.

Le comte de Blacas qui, malheureusement, n'avait pas prévu cette opposition, monte aussitôt en voiture pour se rendre près de M. 'e comte de Paris, emportant une note de Madame par laquelle elle tranche catégoriquement la question de préséance en faveur de ses neveux. Par suite, la mission de MM. de Damas et de Charette devient inutile.

L'entourage est aussi surexcité que les princes, chacun accuse le camp adverse de méconnaître son devoir. Un groupe, composé de MM. de Blacas, de Damas, Raincourt, Foresta, Cazenove, Monti, Vibraye, de Chevigné, parle de signer une protestation pour dégager leur responsabilité.

A 6 heures, Mme la duchesse de Madrid, Mme

la grande-duchesse, partent pour Gratz et Go-
rits : elles sont accompagnées par la princesse
Massimo. la comtesse Ziléri, le comte R. de
Monti. la comtesse O'Donnel, le baron et la baronne de Charette.

*
* *

Dimanche 2 septembre

FROHSDORF

Les offices se disent dans la chapelle, devant
le corps de l'auguste défunt. Chacun sent plus
vivement sa douleur en voyant venir le moment
des derniers adieux. Enfin, à trois heures, on
place la châsse sur le char funèbre ; tous les
gentilshommes de la maison, tous les serviteurs
sont réunis dans la cour intérieure du château ;
les sanglots éclatent et c'est au milieu de cette
douleur générale que le corps franchit pour la
dernière fois les portes de ce château de
Frohsdorf. qui avait abrité si longtemps
Henri V exilé !

Dans la cour intérieure se tient une foule
énorme, composée de toute la population des
environs. Les écoles défilent en rang en tête du
cortège, les pompiers de toutes les communes
avoisinantes forment la haie jusqu'à la gare de

Klein-Wolkersdof ; l'affluence est aussi considérable ; toutes les maisons sont pavoisées de
drapeaux noirs ; les regrets de cette population
se manifestent d'une façon touchante. Enfin, les
gardes enlèvent la châsse du char funèbre et la
déposent dans le wagon qui avait été disposé en
chapelle ardente. Les gardes restent autour du
cercueil avec deux valets de chambre et toujours deux gentilshommes de service, qui se re-
lèvent d'heure en heure, comme à Frohsdorf. Le
train s'ébranle et la foule, agenouillée, dit un
dernier adieu à celui qu'elle appelait son père et
son bienfaiteur.

A W^r Neustadt, plus de 20.000 personnes sont
réunies à la gare, voulant rendre un dernier
hommage au roi de France ; toutes les troupes
sont sur pied, les tambours battent aux champs.
Le train funèbre s'arrête et le doyen de Frohsdorf, ayant à ses côtés de nombreux dignitaires,
s'avance et donne à l'auguste défunt une dernière bénédiction.

A partir de W^r Neustadt, jusqu'à Goritz, le
douloureux voyage s'accomplit sans incident.
Avaient pris place, dans le train spécial, avec le
corps :

Monseigneur le duc de Parme,

Don Juan,

Don Carlos,

Don Alphonse,

Don Jaime,

Duc Della Grazia,

Le comte de Blacas,

Le baron de Raincourt,

Le comte René de Monti,

M. de Cazenove,

Le marquis de Pissy,

Le comte R. de Vibraye,

M. Joseph du Bourg,

Le comte de Saint-Pierre,

Le comte Henri de Monti,

Le comte Henri de la Bouillerie,

Le marquis de Foresta,

Le comte de Foresta,

Le duc des Cars,

Le vicomte des Cars,

Le duc de Sabran,

Le comte Henri de Lucchesi,

M. Ferdinand de Charette,

M. Urbain de Charette,

Le prince Charles de Lucinge,

Le vicomte de Scoraille,

Le vicomte de Puget,

M. Huet du Pavillon,

M. Frémond,

M. l'abbé Curé.

*
* *

GORITZ

Les princes de Parme sont logés au Palais
Lanthiery avec la princesse Massimo, la comtesse Ziléri, le duc et la duchesse Della Grazia.
Toute la maison de Monseigneur s'installe à
l'hôtel des Trois-Couronnes. Le général de Charette, la baronne de Charette, la comtesse
O'Donnel, et quelques dames de la suite des
princesses sont à la villa Bockmann. Le comte
Adhéaume de Chevigné, le comte M. d'Andigné, le comte Ziléri, sont surchargés de travail
par tous les détails à prévoir pour la cérémonie
et toutes les démarches à faire près des autorités. L'église est entièrement tendue de noir, le
catafalque tient presque tout le milieu de la nef;
il est à degrés surmontés d'un sarcophage avec
la couronne royale. Les armes de France sont
placées sur les quatre faces, à tous les degrés,
qui sont couverts de lumières. Des cartouches
également aux armes de France sont disposés
sur les tentures jusque dans le sanctuaire.

Jusqu'à ce jour, peu de Français étaient arrivés, mais dès le dimanche matin, ils débar-
quaient en foule. Dans la journée, on com-
mente dans les groupes la position des princes

d'Orléans ; on commence à savoir les difficultés qui ont surgi ; les esprits s'échauffent et lorsque, dans la soirée, on apprend d'une façon positive que M. le comte de Paris ne vient pas aux obsèques, la fureur est à son comble. La majorité n'hésite pas à dire que c'est une insulte que les princes de Parme font à la France dans la personne de M. le comte de Paris, que les droits de ce dernier étant incontestables, il ne pouvait faire autrement que de se retirer du moment qu'on lui refusait la première place... Un groupe, celui-là très peu nombreux, voudrait, au contraire, voir les Princes s'incliner devant la volonté de Madame et qu'ils assistent aux obsèques à leur rang de parenté. Des réunions sont tenues dans les hôtels ; on discute la conduite à tenir. A l'hôtel de la Poste, on va jusqu'à parler d'enlever le cercueil pour qu'il ne soit pas accompagné par des princes étrangers. On apprend la note de Madame à M. le comte de Paris, alors toutes les antipathies se réveillent contre Elle et sans égard pour sa douleur, sans respect même pour l'auguste défunt, on l'accuse d'être le mauvais génie de Monseigneur, jusqu'au delà du tombeau. Les membres de l'entourage présents à Goritz, aidés par quelques notabilités légitimistes, font tout ce qu'ils

Le général baron de CHARETTE (Athanase)
Capitaine aux zouaves pontificaux (1860)
Nommé général en 1870

peuvent pour calmer les esprits et demandent le silence devant le mort.

Le gouverneur de Goritz, apprenant tous ces bruits, fait dire au comte de Chevigné qu'il défend toute manifestation politique et qu'au moindre scandale, sa police serait obligée de sévir.

L'archiduc Louis-Victor, qui devait représenter l'Empereur aux obsèques, ne vint pas, et c'est le prince de Tour et Taxis qui doit le remplacer. Les princes de Parme, redoutant l'effet de ce changement, dirent très haut que la naissance de la princesse héritière en est la seule cause et que l'Empereur a déclaré ne vouloir se mêler de rien de la question politique française. Cependant, le comte de Blacas sait d'une façon certaine que c'est l'absence des princes d'Orléans qui a déterminé l'Empereur à prendre cette décision.

Les princes de Parme sont toujours très surexcités ; la duchesse de Madrid et le duc de Parme surtout se font remarquer par la violence de leurs propos contre les princes d'Orléans.

La ville de Goritz est pavoisée aux couleurs autrichiennes pour fêter la délivrance de la princesse Stéphanie ; cet air de fête fait contraste avec la douleur des Français, douleur que les personnes de la maison de Monseigneur ressen-

tent plus vivement encore en raison des discussions pénibles qui ont lieu.

*
* *

Lundi 3 septembre

Le train funèbre arrive assez exactement ; la
gare est toute tendue de draperies noires, une
salle est convertie en chapelle ardente. A neuf
heures et demie, le cortège entre dans la cathédrale. Le deuil était conduit par Don Juan,
Monseigneur le duc de Parme, le grand-duc de
Toscane, Don Carlos, Don Alphonse, Don
Jaime, puis viennent les représentants des souverains, les autorités autrichiennes, tous en
grands costumes. Dans l'église, on remarque
beaucoup, devant les princes, huit places vides
qui étaient destinées aux princes d'Orléans et
que personne n'a voulu prendre. Voici, du reste,
la disposition de l'Eglise :

De chaque côté du catafalque, se tiennent
alternativement les valets de chambre et les
chasseurs de Monseigneur, ces derniers en
grand uniforme, portant des torches avec l'écus-
son de France. A la tête du corps est un prie-
Dieu sur lequel M. le comte de Blacas tient le
collier du Saint-Esprit. Le drapeau du Sacré-

Cœur des zouaves, et le drapeau blanc, qui
avaient flottés au-dessus du lit funèbre, à Frohsdorf, sont également portés à tour de rôle par
les zouaves de Charette. L'archevêque de Goritz
officie. l'excellente maîtrise de la cathédrale
chante une messe de *Requiem*, composée pour
la circonstance. Après les cinq absoutes, les
Princes, puis les Représentants, défilent en jetant l'eau bénite sur le corps. La foule s'écoule
respectueusement.

Dans la journée, les esprits étant toujours
aussi surexcités, il se forme plusieurs réunions,
une entre autres à l'hôtel de la Poste, qui est
dispersée par M. Lucien Brun ; on y signe une
adresse au comte de Paris. Les fidèles royalistes
sont très peinés de ces manifestations, avant que
le Roi soit descendu au tombeau. Une autre
réunion, celle-là de zouaves, a lieu à la villa
Beckmann, où Charette leur raconte . les derniers moments de Monseigneur ; il affirme, au
nom du régiment, la reconnaissance des droits
de M. le comte de Paris, mais en même temps
il demande à ses zouaves le calme et de ne
signer aucune adresse politique. Le livre des
signatures, pour les princes de Parme, reçoit
très peu de noms. de même que celui de Madame.
Toute la journée, les Français viennent près du

corps de l'auguste défunt, autour duquel les zouaves montent la garde.

A cinq heures, le cortège se reforme dans le même ordre que le matin.

La croix,

La musique des Vétérans,

Vingt-quatre pauvres en deuil,

La Maison de Secours,

Les Orphelins,

Les Sœurs de charité,

Les Sourds-Muets,

Les Ecoles communales,

La Société de secours mutuels,

L'Association Catholique,

La Garde Civique,

Les R. Frères,

Les R. P. Franciscains,

Les R. P. Capucins,

Les R. P. Jésuites,

Le Clergé,

Les professeurs du Séminaire Central,

Le Chapitre de la Métropole,

Le prince-archevêque, Monseigneur Zorn,

Un piqueur à cheval,

Une voiture de deuil, à deux chevaux, dans laquelle le comte de Blacas porte les ordres royaux,

Le char funèbre,

Le prince de Turn et Taxis, représentant de l'Empereur, en grand uniforme blanc et or, la tête découverte,

Don Juan,

Don Carlos,

Duc de Parme,

Don Alphonse,

Don Jaime,

Don Miguel,

Les représentants des Puissances.

Puis au bas de la côte de la Castagnavizza, les princesses prennent place dans le cortège avec derrière, les dames d'honneur, les gentils-hommes de la maison, les zouaves pontificaux, les députations françaises avec leurs couronnes, le char des couronnes, les autorités autrichien-nes se composant :

Des conseillers intimes,

Des chambellans,

Des autorités militaires,

Du Conseil provincial,

Du Podestat,

Du Conseil municipal, etc., etc...,

Les habitants de la ville,

Enfin, un détachement des Vétérans, qui fer-me la marche.

Le plus grand calme, le plus grand ordre rè-gne d'un bout à l'autre du parcours ; la population forme la haie dans l'attitude la plus respectueuse ; toutes les fenêtres, sans exception, sont pavoisées de noir ; les réverbères, recouverts de crêpe, sont allumés ; les cloches sonnent à toute volée, se renvoyant d'une église à l'autre le glas funèbre. De 10 mètres en 10 mètres, un soldat fait la haie et présente les armes lorsque le char funèbre passe. Toutes les têtes se découvrent. Les Français sont tous en habit noir. Le char des couronnes ne peut suffire à porter toutes celles qui ont été offertes ; beaucoup de délégations portent elles-mêmes leurs couronnes et pourtant un grand nombre en a été arrêté à la douane italienne ; beaucoup ont été brûlées par malveillance : celles que l'on a pu sauver sont magnifiques. Le char funèbre est d'une simplicité majestueuse ; toutes les draperies sont noires, une couronne royale, également noire, domine le dôme du char ; quatre cartouches seulement, aux armes de France, sont disposés sur le siège et au milieu des draperies. Le char, très découvert, laisse voir la châsse avec son drap fleur de lys et sa croix d'argent ; sur le cercueil, on a déposé un drapeau blanc, qui a fait la guerre de Vendée. Les chevaux sont entièrement caparaçonnés de noir avec semi de fleurs de lys d'argent et plumes noires à la tête. Les hommes

sont en grande livrée de deuil à la française,
Les chevaux du char des couronnes ont seulement un tapis noir avec une H couronnée aux
coins (1).

Arrivé au haut de la montagne, au pied des
marches qui montent sur l'esplanade de l'église,
le cortège s'arrête. Le clergé est réuni sur la terrasse, les princes, les princesses, les dames
d'honneur, la maison de Monseigneur, s'y
groupent aussi, tous les Français s'étendent autour et forment la haie jusqu'au char. On des-
cend alors la châsse et les huit chasseurs la portent au milieu de la terrasse, où l'Archevêque
donne la dernière absoute. Au moment où le
cercueil passe, tous les genoux fléchissent, les
drapeaux se baissent, les sanglots éclatent, chacun veut faire toucher une fleur au cercueil
pour l'emporter comme une relique : c'est un
moment d'une indescriptible émotion.

Du haut de la terrasse, la vue s'étend sur toutes les montagnes qui forment le cirque de Goritz ; le soleil se couche en ce moment dans un
horizon de feu, la ville est en dessous et celui
qui, longtemps, avait habité cette cité en exilé
et en proscrit, semble la couvrir une dernière

---

(1) Note 5, Copie du règlement du convoi funèbre.

fois de son ombre royale ; du bas de la colline, cette scène émouvante est une apothéose !

Après l'absoute, le cercueil est descendu par les gardes dans les caveaux où sont déjà placés d'un côté, le roi Charles X, le duc et la duchesse d'Angoulême ; de l'autre côté, la duchesse de Parme. Monseigneur se trouve ainsi à côté de sa sœur et de la troisième et dernière place vide réservée à Madame. Après une dernière prière, un dernier adieu, chacun se retire (1).

Mardi 4 septembre

A quatre heures du matin, le grand-duc et la grande-duchesse de Toscane partent pour Vienne ; le duc de Parme pour Frohsdorf, Don Carlos pour Venise.

La journée se passe sans incident. Les Français qui sont à Goritz vont en pèlerinage aux Franciscains. Mme la duchesse de Madrid, part à huit heures pour Viareggio. L'Infant et l'Infante avec Don Juan prennent également, à cette heure, le train de Gratz. Le comte et la comtesse de Monti retournent, le soir à Frohsdorf. Tous les trains ont de nombreux retards,

---

(1) Note 6, Extrait du procès-verbal de la cérémonie de Goritz signée par les témoins.

occasionnés par l'encombrement de la ligne. Il
ne reste à Goritz que le comte de Blacas, le comte
de Damas, le comte et la comtesse de Chevigné,
le baron de Raincourt, qui doivent revenir le
lendemain à Frohsdorf par train spécial.

Ce jour-là, Mme la duchesse de Modène et le
représentant de l'impératrice Marianne, le comte Saraccini, viennent à Frohsdorf et sont reçus
par Madame.

*
* *

Mercredi 5 septembre

Madame reçoit, à leur arrivée, le comte et la
comtesse de Monti, et se montre toujours aussi
forte et aussi courageuse. Le duc de Parme est
d'abord assez froid, cependant, dans la soirée, sa
bonté naturelle reprend le dessus, ce qui arrive
quand il ne subit pas de fâcheuses influences,
et il devient aimable pour les dévoués serviteurs
si désintéressés de l'auguste défunt.

*
* *

Jeudi 6 septembre

Le duc de Parme, après avoir fait ses adieux
à sa tante, part à sept heures du matin pour
Vienne, où il veut faire une visite à l'Empereur.

Le comte de Blacas, le comte de Damas, le baron de Raincourt, le comte et la comtesse de Chevigné arrivent. Madame reçoit, dans la journée, la comtesse de Chevigné, qui doit repartir le lendemain pour Paris.

A midi, le comte de Bardi décide qu'il veut aller à Vienne; le comte de Monti l'accompagne à Wʳ Neustadt et lit en cours de route un article du *Figaro* (1), accusant l'entourage de Monseigneur de former dans Frohsdorf même une « *petite église* » toujours prêt à arrêter tout élan et toute conciliation. M. le comte de Monti montre aussitôt son retour cet article aux comtes de Damas et de Blacas, en leur demandant s'il ne serait pas bon d'y répondre pour dégager leur responsabilité. Ces messieurs venaient de recevoir, de leur côté, des lettres de Paris, disant la fureur de la France contre l'entourage ; ils accueillent l'idée d'une réponse au *Figaro* et rédigent une première note.

**
* **

Vendredi 7 septembre

Toute la matinée se passe à discuter les termes de la lettre que ces Messieurs veulent faire paraître : elle est définitivement arrêtée et est expédiée à midi au *Figaro* (1). Le baron de Rain-

-----

(1) Note 7, Copie de l'article du *Figaro*.

court, quoique ayant signé, regrette la forme
qu'on a envoyée et tout en reconnaissant la nécessité de cette protestation, eût préféré l'avoir
envoyée comme note à tous les grands journaux, mais sans signature ; sa pensée est que
c'est s'abaisser que de discuter avec un journa-
liste. Le comte de Monti ne voit que ce moyen
pour décider le comte de Blacas ; c'est ce dernier qui a rédigé la lettre avec le comte de
Damas. Tous craignent l'impression de Madame.

La comtesse de Chevigné part pour Paris,
après avoir été reçue une seconde fois par
Madame.

Madame reçoit également le comte de Damas;
elle lui parle des discussions politiques qui viennent d'avoir lieu, elle semble lui demander son
opinion. Le comte de Damas en profite pour
lancer cette phrase : « Madame reconnaît bien
» pourtant M. le comte de Paris comme l'héri-
» tier légitime de M. le comte de Chambord ?
» — Oui, certainement, répond Madame ; cela,
» je ne peux pas l'empêcher. »

*
* *

Samedi 8 septembre

Monseigneur le comte de Bardi revient à trois
heures. Madame reçoit le baron de Raincourt ;

elle est agitée, nerveuse. Comme la veille, au comte de Damas, elle demande à M. de Raincourt s'il a approuvé sa note au comte de Paris. Le baron de Raincourt répond que, devant un ordre de Madame, il n'avait qu'à obéir sans discuter, mais qu'il craignait de voir, par cela, Madame compromise dans les discussions. Madame affirme alors que les premiers jours elle avait donné ses instructions formelles au comte de Blacas et que tous ces bruits avaient été produits par ses hésitations ; elle paraît froissée que le comte de Blacas n'ait pas suivi de suite ses instructions. L'incident eût fait moins de bruit, en effet. si l'ordre de préséance avait été réglé de suite.

Madame parle aussi au baron de Raincourt de ses projets ; elle ne veut retenir personne et préfère. au contraire, rester complètement seule avec une dame ; elle fixe le 24 septembre comme date extrême. Le soir, elle voit le comte et la comtesse de Bardi et leur donne congé pour la fin du mois.

On apprend que le duc de Parme. après avoir attendu une audience de l'Empereur pendant deux jours, a été reçu ce jour-là, à midi, assez froidement, par Sa Majesté. Ce dont il est furieux.

Tous les jours, la comtesse de Bardi vient passer la soirée chez la comtesse de Monti avec la baronne Hertling. Elle est très animée contre les princes d'Orléans.

*
* *

Lundi 10 septembre

Madame est de plus en plus agitée, elle demande au comte de Blacas s'il a fait la note de remerciements pour les journaux, comme elle le lui avait dit ; le comte de Blacas avoue qu'il a oublié de la montrer à Madame. Il n'ose lui parler de la note au *Figaro*.

La comtesse de Cibeins arrive à six heures du soir.

*
* *

Mardi 11 septembre

Madame envoie, le matin, un mot assez sec au comte de Blacas, lui disant que, désormais, elle veut qu'on lui montre tout ce que l'on écrit en son nom et qu'on suive ses idées. Elle voit, avant le déjeuner, la comtesse de Cibeins ; elle reçoit à une heure et demie le comte et la comtesse de Monti. Madame est beaucoup plus calme et se montre très affectueuse.

*
* *

Mercredi 12 septembre

Madame fait venir le comte de Blacas et lui demande d'oublier son mouvement de vivacité de la veille ; cette démarche émeut le comte de Blacas plus qu'il ne veut le laisser paraître.

Madame reçoit aussi le comte et la comtesse de Monti, le comte A. de Chevigné ; elle leur dit adieu affectueusement.

Elle ajoute qu'elle compte toujours sur leur dévouement et qu'elle leur conservera toujours la même affection, mais on voit que Madame n'a qu'un désir : celui de rester seule.

A midi, le comte et la comtesse de Monti, le comte de Chevigné partent. Toute la maison, tous les gens sont réunis sous le porche ; les domestiques sanglotent... Comment peindre la douleur qui remplit tous les cœurs !... chacun sent que c'est un dernier adieu à ce toit sous lequel s'est passé la plus grande partie de sa vie, la dispersion dans ce groupe d'hommes ne formant qu'une famille, réunis par un même sentiment, les mêmes affections, la même foi !... Aussi, tous pleurent en se serrant la main une dernière fois ; le comte de Bardi est là aussi ému que les autres personnes, les larmes dans les yeux. La comtesse de Bardi envoie un dernier adieu de sa fenêtre.

*
* *

Jeudi 13 septembre

Madame fait ses adieux au comte de Blacas, au comte de Damas, au baron de Raincourt. Avec ce dernier, Madame revient encore sur l'incident des places dans la chapelle de Frohsdorf, accusant le comte de Paris de s'être emparé d'une place qui ne lui appartenait pas ; le baron de Raincourt rétablit la vérité des faits. Madame avoue, du reste, qu'à ce moment-là le duc de Parme était très surexcité.

Madame donne les chevaux de selle de Monseigneur, comme souvenir, au comte de Damas.

Les mêmes adieux que la veille se renouvellent, les mêmes déchirements se reproduisent... Au moment du départ de ces Messieurs, la note paraît dans le *Figaro*.

Ici se termine donc ce journal de plus de deux mois, pendant lesquels il nous a été donné d'assister à la mort d'un saint, à la fin d'un règne qui, quoique absolument moral, n'en tînt pas moins une grande place dans l'histoire. On peut dire que le monde entier a été ému par la grande scène qui se passait à Frohsdorf et c'est un honneur unique pour celle qui écrit ces lignes d'avoir été seule femme française à y assister.

NOTE N° 1 (page 12)

Texte de la première dépêche du Saint-Père

*
* *

Le Saint-Père, profondément affecté par la triste nouvelle de la grave maladie de Monseigneur le comte de Chambord, élève au ciel les plus ferventes prières pour le rétablissement de sa santé et lui accorde de tout son cœur sa bénédiction apostolique.

Réponse

M. le comte et Mme la comtesse de Chambord, ont été profondément émus en recevant la bénédiction apostolique pour l'auguste malade. Monseigneur pressa sur son cœur le télégramme qui la lui apportait, plein de foi dans les prières que le Saint-Père élève au ciel pour sa guérison. Aujourd'hui, grâce au ciel, légère amélioration dans l'état général.

Signé : Baron de RAINCOURT.

Déjeuner du 5 Août 1873

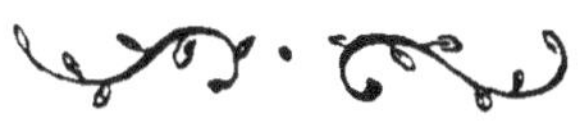

Le consommé à la Royale

les filets de bœuf à la Monglas

les poulardes à la chevalière aux truffes

les aspics de foie gras

les perdreaux bardés rôtis

les petits pois à la française

les charlottes russes à la vanille

Mon cher Oncle

Je viens vous prier de lire favorablement
le billet ci-joint et de ne pas oublier qu'une
des quêteuses est

Votre bien dévouée nièce

Isabelle d'Orléans

n° 3.

J'ai cacheté et confié au président du
comité de la Loire-Inférieure. Ce pli doit
être déposé en lieu sûr et à l'abri de
toute recherche et de toute compromission

Prenant une entière confiance dans le patriotisme, la capacité et le dévouement de Monsieur Ernest de La Rochette, je le nomme commissaire royal dans le département de la Loire-Inférieure, pour en remplir les fonctions au moment où la France menacée par le désordre et l'anarchie, se verrait opposée à de nouveaux périls et à de nouveaux malheurs.

Monsieur Ernest de La Rochette devra proclamer immédiatement le rétablissement de la Monarchie traditionnelle et héréditaire. Il prendra en même temps toutes les mesures

…cessaires pour maintenir la tranquillité publique, faire respecter les personnes et les propriétés, et assurer l'exécution des lois.

Sur la vue des présents pouvoirs, toutes les autorités civiles et militaires, nommées ou confirmées par lui devront obéir aux ordres du commissaire royal, et tous les bons citoyens sont engagés à lui prêter leur concours et leur assistance.

Un des premiers soins de monsieur Ernest de La Rochette sera de se mettre en communication avec moi, et de soumettre à mon approbation toutes les mesures qu'il aura cru devoir prendre.

En cas d'absence ou de maladie de Monsieur Ernest de
La Rochette, je nomme pour le remplacer Monsieur Emerand
de La Rochette son frère, et si de semblables empêchements
venaient à surgir pour ce dernier, je transfère à Monsieur
Alexandre de Monti de Rezé la plénitude des pouvoirs
ci-dessus.

Fait à Frohsdorf, le 28 janvier 1872.

Henri

Pli cacheté et confié au

Comte alexandre de Monti de Rozé

La mort d'Ernest de La Rochette, de l'homme

excellent que ma juste confiance avait placé à la

tête du comité royaliste de la Loire-Inférieure,

m'impose l'obligation de combler le vide douloureux

qu'un coup si funeste a opéré dans les rangs de mes

amis. Pour perpétuer au sein du comité,

sur le zèle duquel je compte plus que jamais, les

traditions de sagesse, d'union, de persévérance, que

l'autorité de son vénérable président savait y

maintenir, j'ai pensé que je ne pourrais lui

donner un plus digne successeur qu'en nommant

par ces présentes, comme président du comité

siégeant à Nantes, Monsieur le Comte Alexandre de

monti de Rezé, qui sera lui même remplacé, en

qualité de vice-président, par Monsieur Edmond de

la Vincendière, notre fidèle ami. J'ai la certitude

de correspondre par ces choix aux vœux de tous

leurs collègues.

Les dernières luttes
électorales, et les résultats obtenus pour le sénat
et pour la chambre des députés, dans la Loire-
Inférieure, démontrent ce qu'on peut espérer des
éléments catholiques et royalistes de ce département
privilégié

L'heure est solennelle, la révolution redouble
d'audace et d'efforts ; c'est aux serviteurs
convaincus du droit et de la vérité qu'il

appartient de lui opposer les énergies du dévouement et

de la foi.

Goritz, le 31 mars 1876

Henri

*
**

NOTE N° 2 (page   )

Adieux de Monseigneur

Le samedi 21 juillet, Monseigneur était couché dans un lit, sous la tente du jardin, il fit
appeler le comte R. de Monti et là il lui fit ses
adieux, les larmes aux yeux : « Je ne peux pas
» vous voir aussi souvent que je voudrais, dit-
» il ; vous savez que je vous aime beaucoup,
» puis vous me faites du bien quand je vous
» vois, parce que vous êtes calme et bon, mais
» ils sont nombreux, et les autres seraient peut-
» être peinés si je ne les appelais pas ; au lieu
» que vous, je sais bien que vous ne vous frois-
» serez pas ; mais j'ai de la peine, moi aussi, de
» ne pas vous voir plus souvent. »

Puis Monseigneur ajouta encore : « Merci
» d'être venu, merci de l'affection, du dévoue-
» ment que vous m'avez toujours témoignés. Tu
» sais, je t'appelle mon fils, et c'est bien com-
» me un enfant que ma femme et moi nous t'ai-
» mons... Merci de tout ce que tu as fait pour
» nous... Merci aussi à votre femme d'être ve-
» nue, ma femme l'aime beaucoup... Elle a
» laissé son enfant, c'est moi qui en suis cause,
» je fais souffrir tous ceux qui me servent.

» Et votre père, comme il doit souffrir de me

» savoir dans cet état... Dites-lui ma reconnais-
» sance pour son dévouement, embrassez-le
» pour moi, car c'est fini, voyez-vous. Je sens
» bien que je n'en ai pas pour longtemps. Vous
» remercierez votre père de son pèlerinage à
» Sainte-Anne. C'est bien de prier maintenant,
» mais c'est après ma mort surtout qu'il faudra
» faire des prières pour moi. Personne ne **veut**
» y croire à ma mort, mais je sens bien, moi,
» qu'elle ne tardera pas... On ne veut pas s'oc-
» cuper de mon enterrement, il faut que ce soit
» moi qui prévoit tout, car sans cela rien ne
» serait prêt.

» Et ma pauvre femme ! Qu'est-ce qu'elle
» deviendra ? Comme elle est admirable...
» Allons, ajouta Monseigneur, adieu, tu
» prieras pour moi et encore merci. »

Et pendant cette conversation, de grosses
larmes roulaient dans les yeux de Monseigneur,
tandis que le comte de Monti écoutait, le cœur
brisé et retenant ses sanglots.

***

NOTE N° 3

Principales clauses du testament
de Monseigneur

En « reconnaissance des 37 années de bonheur
sans nuage » que Madame lui a données, Mon-

seigneur laisse à Madame l'entière propriété de
Frohsdorf avec tout le mobilier, l'argenterie, les
tableaux, objets d'art, etc... De plus, l'usufruit
de toute sa fortune.

Au duc de Parme, les 3/4 de sa fortune ;

Au comte de Bardi, le quatrième quart ;

A la duchesse de Madrid, un million ;

A la grande-duchesse Alix, un million ;

A Henri de Lucchési, 5oo.ooo francs, plus un
cadeau à son père, le duc della Grazia, 8oo.ooo
francs qu'il lui avait prêtés, intérêt et capital ;

A « l'œuvre admirable » de la Propagation de
la Foi, 5oo.ooo francs ;

Aux Franciscaines de Terre-Sainte, 25o.ooo
francs ;

Au Père Bole, pour ses œuvres, 1oo.ooo fr. ;

A l'archevêque d'Alger, 1oo.ooo francs ;

Aux pauvres de France, 1oo.ooo francs ;

Aux R. P. Ligoriens, 1oo.ooo francs ;

Pour des messes, 5o.ooo francs, dont 3o.ooo
doivent être versés immédiatement pour faire
dire les messes de suite.

De plus, Monseigneur laisse au comte de Blacas le crucifix en ivoire que son père, le duc de
Blacas, lui avait donné, et qui a appartenu au
roi Henri IV.

Au marquis de Foresta, un tableau qu'il

pourra choisir parmi les plus beaux de sa collection ;

Puis « en reconnaissance de leurs services, leur dévouement et comme preuve de son affection », au comte Henri de Vanŋay, au marquis de Dreux-Brezé, au marquis de Pissy, au comte Laxence de Damas, au comte de Sainte-Suzanne. à M. Cazenove de Pradines, au baron de Raincourt à M. Joseph du Bourg, au comte René de Monti, au comte Adhéaume de Chevigné, au comte René de Vibraye, au comte Maurice d'Andigné, au comte Henri de Monti de Rezé, un souvenir lui ayant appartenu et qu'il charge Madame de désigner ;

Monseigneur nomme pour le dépouillement des papiers politiques, le marquis de Foresta, qui pourra s'adjoindre M. Huet, le P. Bole et le comte Ad. de Chevigné, avec la liberté de brûler tout ce qu'il croira nécessaire ; en première ligne, son journal quotidien.

Monseigneur laisse à M. Barrande sa pension, c'est-à-dire 6.000 francs ;

A M. Huet, également 5.000 francs ;

A M. Frémond, 3.000 francs ;

A Ferdinand Obry, son premier valet de chambre, ses gages en pension : 3.000 francs :

A Albert Cadouf, son second valet de chambre, 2.500 francs ;

A Felz, son 2ᵉ valet de chambre, 2.5oo francs plus 1.ooo à cause de ses nombreux enfants ;

A tous ceux qui l'ont servi pendant plus de dix ans, les 3/4 de leurs gages, en pension, qui ne leur seront servis que si Madame ne les garde pas à son service ;

Monseigneur nomme MM. Barrande et Huet, ses exécuteurs testamentaires.

*
* *

Nº 4

Ordre du convoi funèbre
réglementé par le comte M. de Damas

Le lundi 3 septembre, à 8 heures du matin, le convoi sera préparé à la gare, dans l'ordre suivant :

1º Piqueur précédant le cortège et faisant la conduite : Henri Dick ; cheval du piqueur : *La Violette* ;

2º Voiture de M. le comte de Blacas portant les insignes, cocher : Michel ; valet de pied · Harl ; chevaux : *La Chevrelle, La Berfère* ;

3º Char funèbre à six chevaux ; cocher du corps : Dick ; postillon du corps : Anton ; chevaux : *La Commère, la Giroflée, la Tulipe, la*

Pintade, la Meunière, la Pâquerette ; six valets de main. Les quatre lanternes du char seront allumées sous les crêpes. Le char sera accompagné à droite et à gauche par quatre valets de chambre : Charlemagne, Ferdinand Obry, Felz et Cadouff ; quatre valets de pied : Ernest, Rondeau, Otto Felz, Petit-Jean. Les quatre valets de chambre aux quatre coins. Les quatre valets de pied au milieu. A côté des deux valets de chambre, marchant en tête, seront les deux chasseurs particuliers du roi : Klemayer et Karl, en uniforme, crêpe au bras et au baudrier.

Sur un second rang, à droite et à gauche, seront huit garde-chasses en uniforme, crêpe au bras et au couteau de chasse : Kornthaler, Windbuhler, Orthofed, Tharerbetz, Klahler, Kôgl, Stranzl, Glasser.

Les quatre valets de chambre, les quatre valets de pied, les deux gardes particuliers, en tout dix personnes, porteront dix torches allumées, ornées de plaques écussonnées aux armes de France.

Les huit garde-chasses feront le transport du corps : 1° du wagon au char funèbre ; 2° du char funèbre à la cathédrale ; 3° de la cathédrale au char funèbre ; 4° du char funèbre au caveau des Franciscains.

Pendant la durée de chacun de ces différents

transports, tous les hommes se découvriront, sauf le cocher, le postillon du corps et les gardes. Ils tiendront le chapeau bas ; ceux qui sont à gauche du char le tiendront dans la main gauche et ceux de droite dans la main droite.

Le cocher et le postillon du corps tiendront leurs fouets la tête en bas·

Les dix gardes, les valets de pied, les valets de main, les valets de chambre, en tout 24 hommes, feront la garde autour du corps, qui restera exposé après la première cérémonie de l'église, jusqu'au soir, à 5 heures. Ils se relayeront par moitié, de manière à ce qu'ils soient toujours au nombre de douze à la fois.

Lorsque le corps aura été porté à la cathédrale et que le gros de la foule sera écoulé, le service de l'attelage rentrera aux écuries dans le même ordre, sauf le piqueur, qui devra se placer pour ce retour au côté gauche du char à l'arrière. Le service détellera.

A cinq heures, il sera de nouveau devant le Dôme pour conduire le corps au couvent des Franciscains. Le convoi suivra le même ordre que le matin.

Quand le cercueil sera descendu pour la dernière fois du char funèbre, le service de l'attelage rentrera aux écuries dans l'ordre suivant :

1° Le char à six chevaux, lanternes éteintes.

Les rênes de main des valets de main attachées aux clefs des mantelets ; les hommes à côté ;

2° Le piqueur au côté gauche du char à l'arrière ;

3° La voiture des insignes.

N° 6 (page 123)

Extrait du procès-verbal de la cérémonie de Goritz, signé par les témoins

A 8 heures ½ du matin entre en gare le train spécial dans lequel avaient pris place : M. le duc de Parme, le grand-duc de Toscane, la maison de Monseigneur, et qui fut reçu à la gare par Don Juan, Don Carlos, l'infant Don Alphonse, les comtes de Damas, de Chevigné, d'Andigné. Le cercueil, déposé dans une salle convertie en chapelle ardente y resta une demi-heure, entouré des princes, de la maison du Roi, exposé aux hommages d'une foule recueillie. Après l'arrivée du prince Tour et Taxis, grand écuyer, représentant l'empereur, des autorités civiles et militaires et du clergé avec Monseigneur Zorn, archevêque de Goritz, la cérémonie commença.

Après une première absoute, le corps du Roi,

porté par huit chasseurs en uniforme, fut placé sur le char. Devant le char, un piqueur de Monseigneur sur un cheval caparaçonné de noir, semé de fleur de lys d'argent.

Un coupé de gala, chevaux caparaçonnés comme ceux du char, dans lequel le comte de Blacas portait sur un coussin de velours noir, le collier des ordres du Roi.

Derrière le char, le représentant de l'Empereur.

Venaient ensuite : Don Juan, duc de Parme, grand-duc de Toscane ; au second rang, Don Carlos, Don Alphonse, Don Jaime, Don Miguel et le prince Louis-Ferdinand de Bavière·

Puis le comte Saraccini Belfort, le marquis Tadoli, le major de Montenach, le prince Victor de Rohan.

Le Conseil municipal faisait porter une couronne monumentale, offerte par la Ville et l'Eglise ; le comte de Blacas entre le premier et place le collier des ordres du Roi sur un prie-Dieu, drapé de noir, disposé exprès. Les places dans le chœur sont disposées comme je l'ai dit plus haut.

Venaient ensuite, du côté de l'Evangile, en dehors du sanctuaire, la maison du Roi, les ducs, les sénateurs et députés, les Français. Du côté de l'épitre, la maison des Princes, les autorités autrichiennes. Les bas côtés avaient été réservés pour les dames, ainsi qu'une tribune ; celle de gauche était pour la presse.

Après les cinq absoutes, les princes descendirent pour l'aspersion, qui continua dans l'ordre observé jusque-là.

La garde d'honneur du Roi fut confiée, pour la journée, à des détachements de zouaves pontificaux.

*
* *

N° 6

Extrait d'un article du Figaro,
signé Pierre GIFFARD

« Une inimitié sourde séparait des princes d'Orléans ce que l'on appelait dans l'entourage des princes, la petite église de Frohsdorf, c'est-à-dire la comtesse, les princesses, ses nièces, et MM. de Blacas, de Damas, de Raincourt, de Monti, de Chevigné ; en un mot, presque tous ceux qu'on pourrait appeler les conseillers intimes du prince mort. »

L'article se terminait par ces paroles, prononcées, disait-on par un conseiller intime :
« Ainsi s'éclaircit le roman de l'héritage poli- » tique du comte de Chambord. Nous savons, » nous, à quoi nous en tenir et si on pousse la

» comtesse de Chambord à bout, elle parlera,
» elle produira des documents, s'il le faut, qui
» surprendront bien des gens. »

NOTE 7

Réponse au Figaro

Frohsdorf, 7 septembre 1883.

Monsieur le Rédacteur en chef,

Arrivés seulement hier matin de Goritz, nous lisons dans le *Figaro* du 4 septembre un article, signé Pierre Giffard et intitulé : « Les funérailles de M. le comte de Chambord ». L'auteur, dont la bonne foi a été surprise, attribue un rôle imaginaire à ce qu'il appelle « la petite église de Frohsdorf ».

Nous soussignés, directement mis en cause et présents en ce moment à Frohsdorf, donnons un démenti formel aux appréciations émises par le prétendu conseiller intime, Maurice d'Andigné, qui n'a pu, en tous cas, que parler en son nom personnel.

Nous refusons d'accepter l'attitude qu'on veut nous prêter, soit dans le passé, soit dans le présent.

Nous reconnaissons les droits de M. le comte de Paris à la succession de M. le comte de Chambord.

Nous nions absolument l'existence des documents auxquels il est fait allusion dans la conversation rapportée par votre correspondant.

Tout notre désir est de n'avoir plus à répondre à des attaques ou à des accusations de ce genre, et de voir respecter le silence et la retraite où nous rentrons.

Après avoir loyalement servi jusqu'à la mort le Roi tendrement aimé et à jamais regretté, que nous pleurons aujourd'hui ; après avoir consacré tout notre dévouement, tout notre cœur, à celui qui a daigné si souvent nous appeler ses amis, nous garderons à sa mémoire la fidélité qui a été l'honneur de notre vie et qui sera une consolation dans notre douleur.

Nous vous prions, Monsieur le Rédacteur en chef, de vouloir bien insérer cette rectification et de recevoir l'assurance de nos sentiments distingués.

> Signé : Comte de Blacas, baron de Raincourt, comte R. de Monti, comte Ad. de Chevigné, comte de Damas d'Hautfort.

Imprimerie

GUILLEMOT ET DE LAMOTHE

18, rue Turgot, Limoges
(Même Maison à Paris)

1930

Frédéric LOLIÉE

Le Duc de Morny et la Société du Second Empire.

    Un volume in-8⁰ illustré ... ...   **25 fr.**

Talleyrand et la Société Européenne.

    Un volume in-8⁰ illustré ... ...   **25 fr.**

Talleyrand et la Société Française.

    Un volume in-8⁰ illustré ... ...   **25 fr.**

La Comtesse de Castiglione.

    Un volume in-8⁰ illustré ... ...   **25 fr.**

Joseph TURQUAN

Madame Duchesse d'Angoulême.

    Un volume in-8⁰ illustré ... ...   **18 fr.**

Les Femmes de l'Emigration.

    Deux volumes in-8⁰. Chaque volume ... ...   **18 fr.**

Madame de Staël (1766-1817).

    Un volume in-8⁰ ... ...   **18 fr.**

www.ingramcontent.com/pod-product-compliance
Lightning Source LLC
LaVergne TN
LVHW011941180726
843502LV00003B/855